U0947761

后浪出版公司

Information Now

A Graphic Guide to Student Research

怎样玩转信息研究方法指南

一本漫画式的学生研究指南

Matt Upson C. Michael Hall
Kevin Cannon

[美] 马特·厄普森 [美] C. 迈克尔·豪尔 ——编
[美] 凯文·坎农 ——绘 孙宝库 ——译

四川文艺出版社

目　录

前　言

我们发誓这本书里真的有图片！你只需看完这一页的大段文字，就可以尽享回报。好吧，你可以快速翻阅后面的内容，先睹为快，但记得回到这一页。

很好，满意吧？既然你已经看到这里，有两件重要的事我们要说清楚。

一、这是一本关于“信息”的书。通过本书，你能学习如何寻找适当类型的信息、如何更加高效地利用信息、如何有效评价信息等技能。作为一名在校的或者即将入学的大学生，你所接触和使用到的信息的质量、你对这些信息的理解能力等因素，无论对于你目前的在校表现还是对于你未来的学术生涯都十分重要。我们希望通过这本书来重塑你对信息的认知；希望你在搜集和使用信息的时候能变得更审慎；希望你搞清楚你使用的信息来自何处；希望你能掌握定位和搜索自己所需信息的能力；也希望你能认识到，找到最适用的信息可能是一项非常艰苦的工作，尤其在这个人类历史上信息最丰富的时代，创造信息的人数之多前所未有。我们希望你做到很多事，而这本书能为你提供帮助。这里说的“我们”是指图书管理员。显然我们有点太把自己当回事儿了，但图书管理员真的是你搜索信息时最重要的资源之一。我们干这一行相当久了，懂得如何跟书籍打交道。更重要的是，我们是信息方面的专家，深知书籍不是我们获取信息的唯一工具，还有大量其他种类的媒介。我们充分掌握了查找信息的技能，更重要的是，我们可以帮助你学会怎样凭借自己的力量找出最适合的信息。因此，如果这本书能告诉你至少一件事（当然希望它能告诉你更多，然而……），那就是如果你准备开始做某项研究，一位亲切的社区图书管理员应该是你开展调查的第一站。好啦，自我宣传到此为止。

二、我们之所以决定把这本书做成漫画形式，是因为我们相信比起枯燥无味的长篇大论，漫画能更高效地传达一些概念和技巧，因为漫画能把文字、图片、恰当的隐喻和相关背景巧妙地结合在一起。漫画能同时刺激大脑中控制视觉的区域和控制语言的区域，所以相比那些常见的以文字为主体的书本，能帮助大脑更容易地吸收书本里的内容。除此之外，无论写漫画剧本还是画漫画都很有意思，还有看漫画，实在比读常规文本有趣太多了。

好啦，我们说得够多了。现在，请翻开这本书，学点新东西吧。祝你读得开心！

入　门
信息过载
咨询
啊，你好呀！你看起来有点困惑，我能帮什么忙吗？
哦，你要做一个研究课题，却不知该从何入手？没问题，我能帮得上忙！
嗯，好的，你在网上搜索过，却被一大堆资料弄得不知所措？不知道应该使用哪些信息？
听起来我们得解决一些基本问题。让我们先来谈谈……

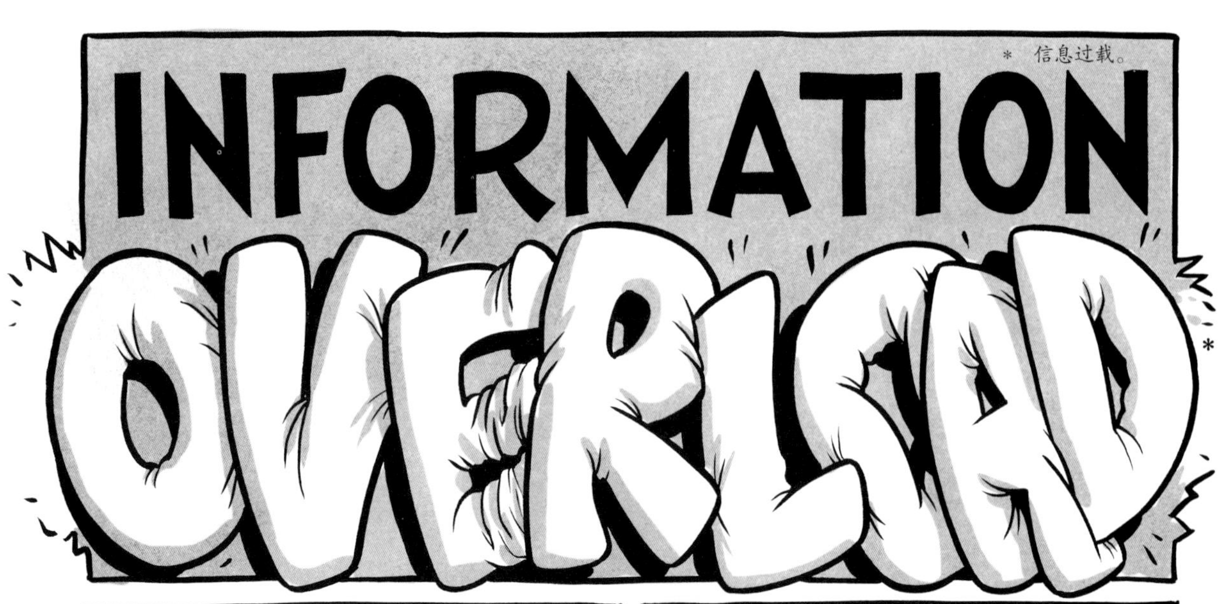

你很可能会问："为啥我要去图书馆？为啥我不能用谷歌（Google）搜索出这个课题需要的全部信息？"

是的，问得好！

我很高兴你这么问，因为我有一大堆答案。不管你信不信，用谷歌搜索是个好办法，维基百科（Wikipedia）也很好。事实上，无论你从哪儿找一条信息，它都有使用的潜力……

不过现在说这些还太早。

听着，谷歌和维基百科远远算不上做调查研究最好的工具。面对巨量的信息，它们甚至不能让你窥见一斑。因为世界上的信息太多了，数不胜数。

如果你没准备好，数量庞大的信息足以让你大吃一惊。

来，我展示给你看。

让我们想象这条
涓涓细流是古代人类创造的
信息总和。

并不多，
对吧？
这些信息包括大量通过
口述延续下来的传统，还有
一些洞穴壁画以及零零
散散的石刻碑……

但随着人口增加和各种交流方式的
演进与传播，信息的数量开始呈
指数级增长。越来越多的人开始把
自己的“信息流”汇入这条越来越
湍急的河流中去。

随着人们文化水平的提升和基础教育的不断普及，更多信息被生产了出来。由于教育水平和科技水平突飞猛进，越来越多的人获得了创造和发布信息的能力。

傲慢与偏见
每年都有更多的文章和书籍出版。大批量印刷增加了人们获取信息的可能性，每种文本都能有数量众多的复制品，不再像以前那样只有少数几本可供阅读。

其后，互联网和万维网（World Wide Web）出现了！
忽然之间，每个人都可以随时随地发布自己想发布的任何信息了。区区几秒，你就可以向几百人甚至几千人发送对在你前面结账那个人的牢骚！而此类信息可能会淹没你。
我们还是离开这儿吧！

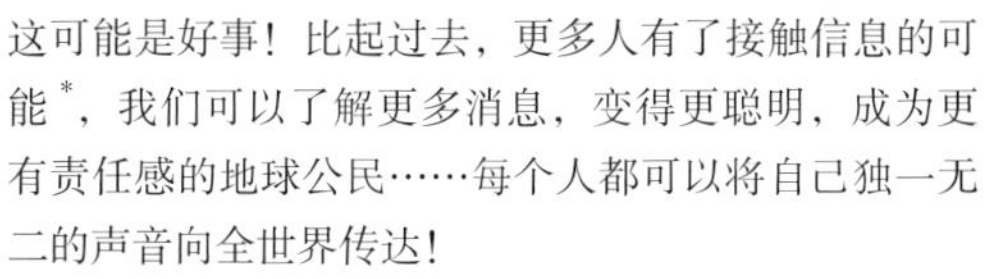

* 如果你想了解最新的世界范围内的互联网使用情况的统计数据，请在 http://www.itu.int/en/ITU-D/Statistics/ Pages/facts/default.aspx. 上查看国际电信联盟（International Telecommunication Union）的资料与图表页面。

这并不是一件坏事，却提出了一个挑战：在信息的洪流当中，如何为我们每天必须完成的各项任务搜集可靠、有用的信息呢？

我每日的信息搜集

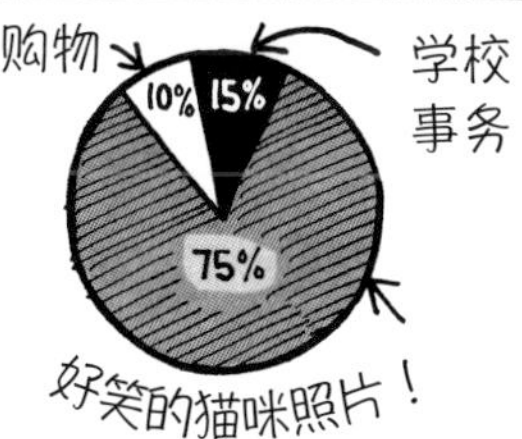

比如，你正在做一个学术研究项目。完成这项作业所需要的信息类型，与你决定买哪种移动设备所需要的信息类型截然不同。

不同类型的任务需要不同类型的信息，以及搜集这些信息的不同方法。

如今，一个人创造和复制信息的过程简单到不可思议。

创造和复制信息

创造和复制信息

创造和复制信息

创造和复制信息

回首过去，学生们必须使用一种叫作打字机的装置进行记录，甚至用手抄写（所以他们的拼写必须特别好）。复制一本书的内容需要花费大量功夫。

早在 11 世纪，中国已经发明了活字印刷术。但直到几个世纪后，欧洲人才开始以更快捷、灵活的方式制造印刷品。15 世纪，约翰内斯·古腾堡（Johannes Gutenberg）发明了活字印刷机，使得大量、准确地复制信息变成了更加简便迅速的过程。

如今，获取信息的途径
多到前所未有。
以前，多数情况下，
是我们去寻找信息。

现在，是信息向我们
涌来，比以往任何时代
都更汹涌。
我们使用各种技术
手段处理信息，以确保
自己随时能有新
发现。

但是这也导致了信息过载的
问题：信息涌向我们的方式有许多，
我们过滤无用信息的方式却很少。
由于我们通过太多渠道
获得了太多信息，处理和
掌控这些信息就成了一件
极具挑战性的事。

AR GLASSES
我喜
欢书
广告
广告
广告
广告
获取信息的途径仍在不断增加。
下一种获取信息的方式会是什么？
增强现实（Augmented Reality，简称 AR）
技术？还是在我们脑子里植入无线
网络访问节点？
没错，听起来像科幻小说情节，
但如今我们每天习以为常地使用着的工具，
对五十年前甚至是二十年前的人来说，
也如同外星科技一般。

传递信息变得十分便捷，这也是导致信息过载的一个重要原因。我可以用短信或邮件随便写两句话，然后……
发送
嘭！

简单到不能更简单。
啪！
“嘿，比尔，你头上挂了条毛巾……”
呵呵，多谢提醒。

再想想古代传递信息有多难……
你必须以最快速度送出这封信！不要让任何困难阻碍你的脚步和你坚定的意志！
遵命，大人！

这里画得有点夸张，但你懂就行。分享信息一点也不容易……

正因如此，人们只会分享最重要的信息。
“伙计，今晚吃比萨吗？”
当然是大部分情况。

当然，即使在不使用高科技的情况下，也有许多方法可以较快速地传递信息，比如利用狼烟和信鸽。但传递方式的局限性，也会让信息本身受到限制。
现在，我该如何用狼烟在亚马逊上订购棉花糖和热狗呢？

由于传递信息不再是一件难事，我们也不再操心自己究竟向外界发布了什么信息。由于每个人所处的不同立场，一些时候信息的质量、关联度、可靠性等可能不再像以前那么重要了。
你已经是
你是哪个科幻角色？
赢
点击
想想你收到的那堆垃圾邮件，还有访问网站时跳到你页面上的广告。
43分
评论：
你想：
减肥
更多类似这个的
赞助广告：
LOCAL
CIRCLE?
想想你用谷歌做过的那些搜索，还有你浏览好东西时，时不时出现的无关信息。
引用
元数据
同行评议
准确性
分类
数据库
调查
学术期刊
信息再也不是稀有品。它已然泛滥成灾，正以惊人的速度增长。
你怎样跟上信息增长的速度？你怎样辨别哪些信息具有更高的关联度和准确性？你怎样获得自己或许还不知道的信息？哪些信息已经被专家证明是可靠和客观的？哪些信息是不求甚解的人捏造出来的？哪些信息只是为了赚钱或娱乐？你该如何判断？
信息辨识（Information Literate）是解决这些问题的方法之一。简单来说，信息辨识所指的就是在不同情况下（也包括学术研究的情况），科学地寻找、使用、创造和分享信息。
让我们进一步说明。

批判性思维练习

记得使用线上工具记录你对问题的回答

1. 为了做这本书的练习，请你在网络博客、网站、推特（或其他任何一种网络社交媒体）上创建一个账号，用来记录自己对信息辨识的认知变化以及整个研究课题的进程。你可以用文字、图片、视频、音频或任何其他方式回应书中的问题，但在使用外部信息的时候一定要遵守道德规范（我知道现在还没谈到这个话题，目前只要让我们知道你所使用的信息的作者是谁、信息是从哪里得到的就可以了。如果你拿不定主意，就把信息源的链接贴上吧）。答案的形式无论规范与否都不要紧，但你必须专注于寻找这些问题的答案，并且在寻找答案的过程中思考并总结你对搜集与使用信息一事的理解和体验。

2. 你在搜集信息时，是否曾经遇到过信息过载的情况？你是否曾因为信息量过大、不连续甚至相互矛盾等问题，难以做出判定？如果你遇到过这样的情况，试着回忆并描述一下当时的自己是因何陷入那种困境的。你当时在寻找什么类型的信息？你耗费了多长时间去尝试找到想要的信息？你最终成功了吗？还是你放弃了，把电脑丢到了一边？你能想到一些办法来避免这些问题吗？

3. 信息过载是你时常会遇到的问题吗？你对自己的搜索和使用信息的能力有足够自信吗？

4. 如果你对自己搜索信息的能力十分自信，请解释一下原因。是耐心？是直觉？是运气？到底是什么让你的搜索能力如此出色？如果你对自己搜索信息的能力不那么自信，你准备如何改善？

第一章

流　程

随时随地搜集和使用正确信息的步骤

还有些紧张？别担心，我们会帮你。

这一章里，我们要探讨究竟如何钻进一大团乱糟糟的信息之中，找出你需要的信息，并整理和创造出一些连贯、有条理、实用的东西出来。调查研究（不管通过图书馆还是通过互联网），指的是搜索、筛选、评估和使用信息，以此来满足一种需求、回答一个问题或解决一个难题。

我们主要从应对课程作业的角度出发来学习调查研究的技能，但你可以把调查研究的原理应用于所有需要寻找并使用信息的情形。我说"所有"的意思，就是指所有情形、所有时候。

调查研究不是老师、教授、图书管理员们为了让你受苦而逼着你去做的事情，它是值得学习的一系列技能。在课堂外、工作中、家里……调查研究的技能在任何场合都有用武之地！

想象一下，你的老板需要获知最新的商业竞争理念。你怎么才能找到呢？你正在打量的那辆二手汽车有没有足够好的安全记录？你的宝宝需要去看医生吗？你如何辨别出可以放心使用的信息？

对信息进行批判性思考有利于你的课堂表现，对你往后的生活和事业发展也同样重要。

所以，我说的调查研究“流程”到底指什么呢？那取决于你学习过程中的偏好、风格、目的和方法。
有些做研究的人喜欢直接跳进信息的海洋，在其中漫无目的地漂荡，等待一些有价值的东西自己漂流过来。
也许这些人能获取一点有价值的信息，也许他们只是随波逐流，盲目追随一些不那么可靠的博客文章，还想要一次把问题都琢磨清楚。这或许是一种有效的信息搜集方法，却也充满风险，必须有足够锐利的眼光，才能从巨量的碎片信息当中辨别出哪些信息相对可靠。
愤青型博文
偏见型社论
煽动型新闻

其他人或许偏向一种更加结构化的方式。这种方式相对循规蹈矩一些，也更保险。你不太会被无关信息绕晕，这是我们在大部分情况下会采取的方法。

第一种做法可能会让你困惑，甚至感到被信息淹没。如果没有事先制定明晰的研究计划，你的工作进度很可能会缺乏保障，可能会错失对自己有用的信息。
第二种做法提供了更加明确的搜索线路。但你也可能会错过隐藏在信息王国深处的绝佳内容。

你或许会意识到，调查研究是个有些混乱的过程。问题与答案之间并没有一条直达的线，至少在学术研究问题上是如此。你或许会绕一些弯路，甚至不得不回到原点再试一次，但到最后，你一定能攻克一些难题。
在这个过程中，你同样会发现一些新的工具和技巧。只需记住：向前看、灵活些，给自己时间去做完整个研究。还有，记得向图书管理员求助哦！

无论你采用什么研究方法，
必须要从一个想法，一个论题开始。
挑一件你感兴趣的事情，
一件你怀有疑问的事情。
如果你选择或被分配了某个论题，
选择一种能够激发出创意的
方式切入，并且努力发掘它的
有趣之处。
你会发现如果对工作怀有
兴趣，就能做得更好。

如果你的调查研究是为课程作业而做的，请搞清楚需要你做的究竟是什么。仔细阅读作业要求，如果你不明白这次作业需要达成的目标是什么，请找老师问清楚。这个目标会统领你的整个调查。
举例来说，如果你需要写一份辩论稿，就得搜集针对此问题正反两方面的信息。

牢记提前制定计划的重要性。你或许心怀侥幸，指望自己能在最后一分钟写出所有东西，但这种做法往往适得其反。你没法料到会有什么状况发生。
图书馆
手机
无信号
直到最后一分钟才开始做研究，很可能那“最后一分钟”会撞上网络故障那天，或者图书馆闭馆消毒那天，或者你成为当季首例流感患者那天。
闭馆
消毒
这是见
鬼了?

我也是这么想的。现在我们这样做。定下这个论题，接着缩小它。选择论题的一个方面，提出一个关于它的问题。

批判性思维练习

记得使用线上工具记录你对问题的回答

1. 你偏好怎样做调查研究？是一头扎进信息海洋，看看能碰上什么信息吗？还是你更喜欢从头开始，有条理地组织和推进研究呢？描述一下你平时处理论题、搜集信息的过程。为了找到适合自己的研究方法，你会做什么呢？

2. 在网上搜索信息时，你是如何分辨哪些信息值得看，哪些是可以无视的呢？你怎么判断信息的优劣？你相信搜索引擎能够提供最佳信息，还是你会通过周密的规划来确保搜索到的信息有价值？

3. 告诉我们一些你最近做过的调查研究。不一定囿于学术研究领域。记住，调查研究是你提出一个问题并试图解答这个问题的过程。你可能想找本最新的科幻小说来读，或者你只是想弄清楚自己最喜欢的电视节目里提及的一个流行词语的含义。调查研究的对象可以是任何事。你是怎么试图寻找信息来回答这个问题的？你是否找到了一个以上的有用资源？这些资源之间有分歧或者矛盾的地方吗？如果是，又是如何影响你接下来的行动和最终结论的呢？

4. 下次你研究一个论题时，试着跟踪记录你搜集信息的过程。不管你是在哪里找到这些信息的，也不管它们的形式如何。在你浏览这些资源时，记下你对这一论题的看法变化的过程，解释一下你了解到的信息是如何影响你下一步行动的。把你的记录结果给你的导师、一位图书管理员或一位朋友看看，听听他们的意见。

现在你有时间
明确这个问题了。
有什么想对
我说的吗?

我的研究论题是
“武器供给怎样影响了美国
内战的结果?”

棒极了！论题还是
有点宽泛，但快要成型了。
试着把论题范围再缩小点吧。
如果你觉得另一个论题的
指向更佳，甚至可以把
论题的重点换掉。

喔。

“北方联邦的武器制造和
供应系统是否助力于他们
在美国内战中打败
南部同盟?”

这是个好论题!
现在，由于这是一篇研究
小论文，试着把提问
变成陈述。

“美国联邦的武器
制造和分配有助于北方
联邦在美国内战中打败
南部同盟?”

还是一
个提问。

“美国联邦的武器制造和分配
有助于北方联邦在美国内战中
打败南部同盟。”

他们告诉你不要用这些工具寻找信息，有两个原因：

#1 以用户为主导的开放网站上的信息，有些时候不太可靠。

#2 你或许一直都错误地将维基百科和谷歌用于学术研究行为……但它们应该是起点，而不是全部。

对搜索背景信息这件事来说，谷歌是个好地方。但谷歌的“问题”在于它能搜索出巨量信息，其中很多信息要么没用，要么完全错误。有些搜索结果可能挺好，有些还行，但大量搜索结果都是垃圾。

维基百科在你第一次面对一个论题时相当有用。但几乎任何人都可以更新和编辑维基百科词条。这就是个大问题，尤其在一些有争议的话题上。有时候人们只是想要针对某个话题宣扬自己的观点，结果真相就被偏见性的观点覆盖了！

虽然维基百科的编辑们会尽量保证信息准确、不带偏见，但你也不能把它当作直接的信息来源。

* 可见 en.wikipedia.org/wiki/wikipedia:Researching_with_Wikipedia.

图书馆里有一种叫作编目系统（catalog）的东西，你可以把它想象成一个巨大的搜索列表，装着图书馆里所有的资源。有时一份图书编目只包含该图书馆的架上实体图书、资料的名称。但在更多情况下，图书编目也会列举并链接到相关的网络资料，包括电子书、期刊论文以及一些图书馆里没有实体版本的资料。

有时你会发现一种“超级编目”，它被称作探索服务（discovery service）。它能帮你限定所要搜索的信息的范围，以便于你找到想要的信息。

你有啥?

你要啥?

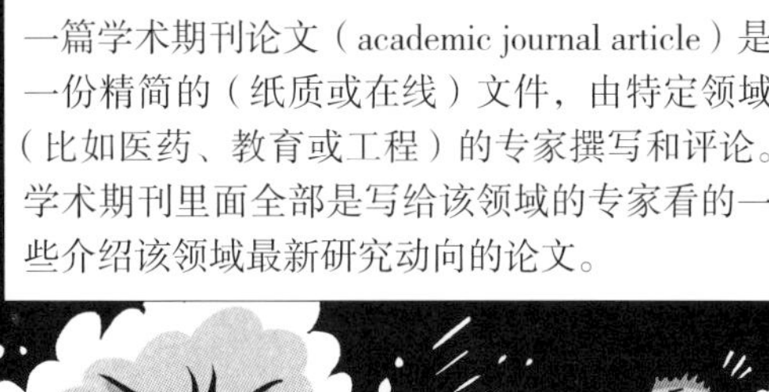

* 对，这篇论文真实存在：《伦理学与美学：理发店和声的社会理论》（*Ethics and Aesthetics: The Social Theory of Barbershop Harmony*），莉兹·加内特（Liz Garnett），《通俗音乐18》（*Popular Music 18*），第1期（1999年1月刊），41–61页。

有了在图书馆找到的学术期刊论文和书籍，大部分情况下你已经得到了高质量的信息资源。然而，有些不相关的信息依然会时不时与你擦肩。
看起来很可爱！
但无法把你带到你想去的地方
实用、可靠！
……正是你需要的车
当你使用自己在网上找到的普通信息资源时，更有可能碰到不合适的信息。有些时候，你甚至一开始遇到的就是那些不相关信息。

再强调一次，我不是说开放网络上的所有信息都不好。只是你必须善于分辨哪些信息符合你的需求。专业研究者能像你一样方便地把他们的观点发在推特或博客上。并非只有从书中或昂贵的学术期刊中找到的信息才是有用的。
我的最新研究成果表明，教授们粗花呢外套上的手肘补丁，能极大提高学生们在学术课堂上的投入程度、注意力集中程度和成功率……等一下，140 字限制……好了……大家收到那条推特了吗？
啪嗒！
“猜猜谁刚才帮结肠镜检查供应商发明了芳香型压电自动内窥镜？我！”

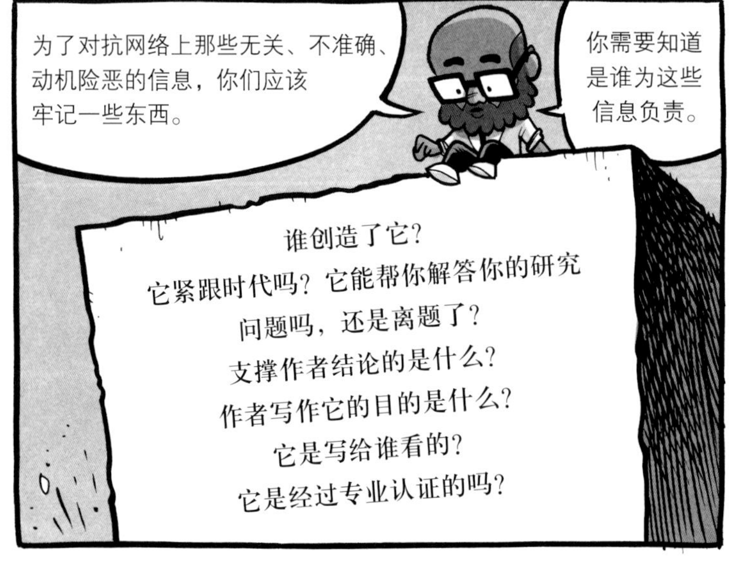
为了对抗网络上那些无关、不准确、动机险恶的信息，你们应该牢记一些东西。
你需要知道是谁为这些信息负责。
谁创造了它？
它紧跟时代吗？它能帮你解答你的研究问题吗，还是离题了？
支撑作者结论的是什么？
作者写作它的目的是什么？
它是写给谁看的？
它是经过专业认证的吗？

并不是所有信息都是被平等地创造出来的。你必须花些工夫来确保指导你研究的是那些最好、最可靠、最切题的信息。
我们会发现，这些问题对你的研究非常重要。
谁？ 什么？
为什么？

既然已经讨论过什么是优秀可靠的信息，我们可以继续向前进入引文（citation）部分。引文是一种明确信息来源的方法，用以标明作者在研究过程中用到的信息从何而来。

你是在前人成果的基础上做进一步的调查研究。引文能表明你知道哪些相关工作已经完成，而你的研究是以之为基础的。你会寻找书本、学术期刊等其他信息资源，将它们进行整合、分析并作为你自己结论的依据。

因此你需要引用它们。

记录下书本、论文、网站等信息源中的引文信息，把这些信息复制粘贴到文档或邮箱里，也可以使用图书编目系统或数据库自带的引文生成器。

www.lolcatzzz.com

复制

你也可以使用免费的或学校提供的引文管理软件*，去追踪所有你找到的信息来源。持续关注和整理你找到、看过的信息，记录你对这些信息的看法。这么做能节省许多时间并避免麻烦。

* 引文管理软件（citation management software），举几个例子：zotero，endnote，refworks。

批判性思维练习

记得使用线上工具记录你对问题的回答

1. 仔细看看你研究的问题。是否太过宽泛或者太过具体？学生们往往很难把问题缩小。试着想想你问题的各个部分，问问自己这些部分能否进一步拆分。

2. 你也可以试着使用一种叫概念图（concept map）的东西来拆分自己的问题。

3. 你是怎样为论题寻找背景信息的？你是如何开始的？说实话，是维基百科吗？解释一下为什么你总是通过某种特定的信息来源搜集背景信息，说说为什么这种信息来源对你来说最有用。你把找到的信息作为调查研究的起点还是核心？到底什么才是正确的方法呢？（提示：再看看第一章！）

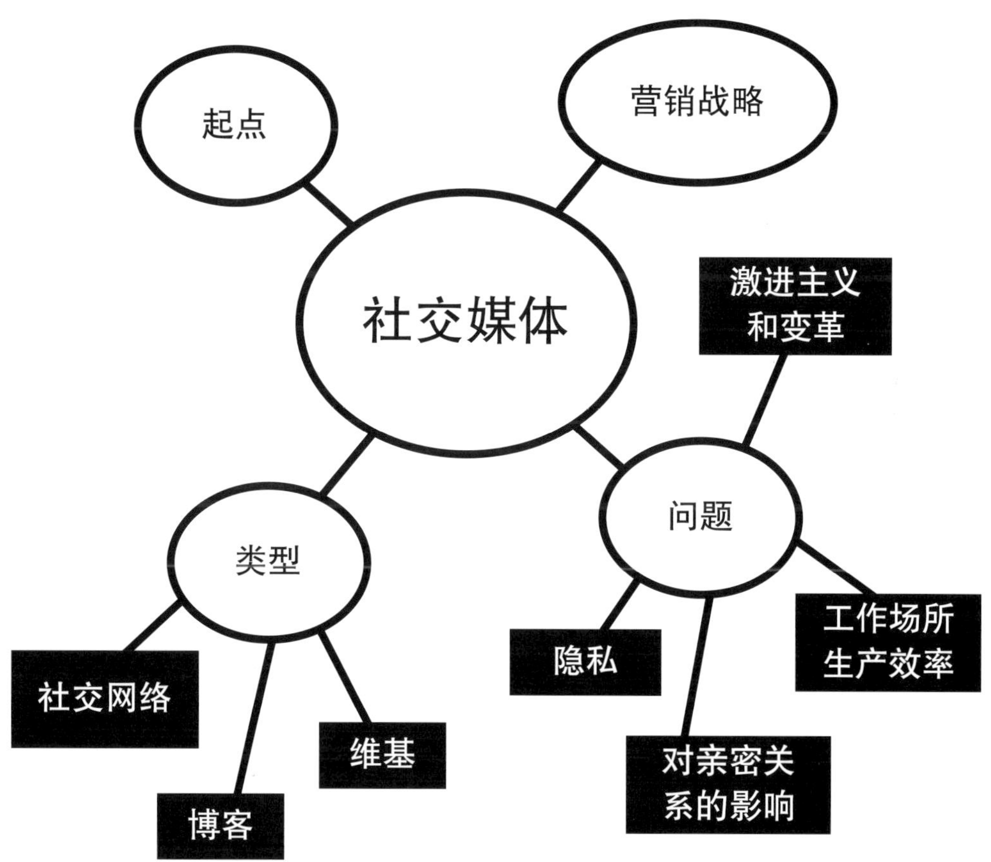

尝试将这种方式套用到你自己的论题中，看看能否提出一个甚至多个不错的研究问题。

4. 试着发现一位你正在研究的论题领域的专家，看看有谁写过关于这个论题的学术论文，或者寻找一个致力于研究这个论题的专业组织。专家们是如何利用开放网络互相交流的？他们如何使用博客、维基百科、社交媒体等相互联系并与大众互动？这种信息与你在书里或学术期刊里找到的信息有何不同呢？

5. 为你的论题找一个比较学术的信息源，同时也找一个比较常规的在线信息源。比如，你可以找一个专业的癌症治疗网站，同时也找一个汇集公众观点的在线癌症治疗论坛。这两种信息源有什么不同？你能不能判断一个是否“优于”另一个？你怎么知道是否能相信这两种来源的信息？

第二章

信息的组织与查找原理

基本常识

对于这一部分讨论，我要把你交给另一位图书管理员。她在信息组织方面以及搜索线上、图书馆编目系统和数据库中的恰当信息方面，是一位专家。

嗨！我听说你马上要开始做研究了！但首先，我们来聊聊信息是如何组织的吧，这样才不至于迷失在图书馆的众多资源当中。

待会儿见！

你会用到很多电子资源——我们之后会谈到它们——但你也得了解图书馆里的出版物一般是怎样组织的。

显然，我们这里有一架子的书，但它们是如何分类的呢？随便放的吗？按照不同科目或主题松散地排列在一起吗？就像书店里那样？好啦，因为图书馆里藏书众多，我们会尽可能让这些书被组织得有条理，这样一来寻找资料也就容易多了。

分类法（classification）是一种用来让物品被整理得更加井然有序的方法。每一样东西都被归到一个特定的分类之下，甚至单独归入一个子类。举例来说，大部分地质学类的书籍会被归入同一分类。在这个分类里，又会分出古生物学、火山学和矿物学等子类。

当你在编目系统里寻找资料时，会看到每本书都有一个图书编目号码（call number）。那是基于一本书的主题而确定的文字数字*标签。它帮助图书管理员们把相似主题的书籍整理到同一个架子上，这样你找书的时候就知道自己该往哪里看了。它就像是一本书的地址。

* 文字数字（alphanumeric）是“文字和数字”（letters and numbers）的一种说法，但你理解就好。

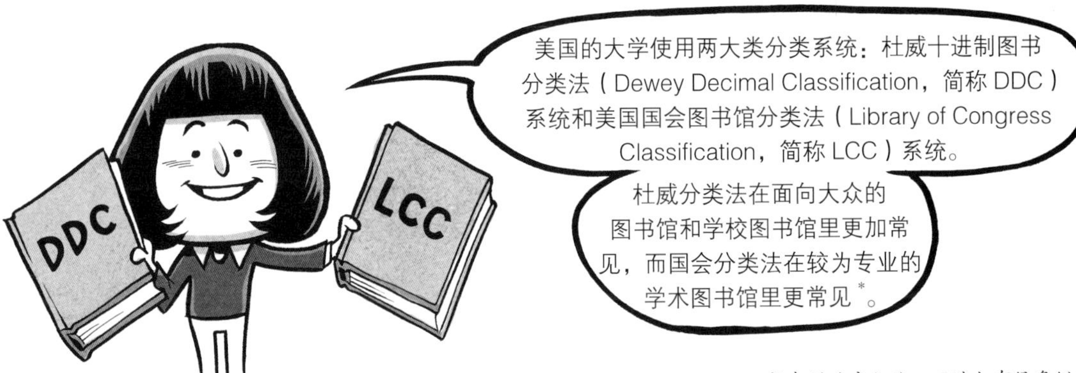

美国的大学使用两大类分类系统：杜威十进制图书分类法（Dewey Decimal Classification，简称 DDC）系统和美国国会图书馆分类法（Library of Congress Classification，简称 LCC）系统。

杜威分类法在面向大众的图书馆和学校图书馆里更加常见，而国会分类法在较为专业的学术图书馆里更常见*。

* 一般来说确实如此，不过也有很多例外。

世界是俺们的！
不，是窝们的！
世界是我们大家的！你们这些笨蛋还以为地球是平的吗!?
我要呈报说你已经过时了！
随便吧，我又不需要用电。
它只是一支雪茄烟！
但雪茄烟的本质是什么呢?
求求你，先生，再给我一点吧。
真可爱，亲爱的！
那个，朋友，你是登记选民吗?

杜威十进制图书分类法
DDC 大胆地把信息分为十个大类。

000s 计算机科学、资讯与总类
100s 哲学与心理学
200s 宗教
300s 社会科学
400s 语言
500s 自然科学
600s 应用技术科学
700s 艺术与娱乐
800s 文学
900s 历史与地理

ALOHA
Shalom
привіт
今日は
hola
BONJOUR
guten Tag

每个类别又进一步分成十类，接着再进一步细分，以此类推——由此我们就可以尝试把所有信息归到合适的位置。

应用技术科学（600）

600-609	总论
610-619	医学
620-629	工程
630-639	农业
640-649	家政学与家庭管理
650-659	管理与公共关系
660-669	化学工程
670-679	制造业
680-689	特殊制造业
690-699	建筑与结构

此外，杜威分类系统用小数点后面的数字来细分信息。比如，图书编目号码为 973.52 的书，可能讲的是英美 1812 年战争，号码为 973.62 的书讲的是美墨战争。我们来观察它的每个部分，因为每个数字和位置都有意义。

900s	历史与地理
970	北美历史
973	美国历史
973.5	时期：1809–1845
973.52	1812 年战争（1812–1815）

再看美国国会分类系统，
虽然看起来与杜威分类系统不一样，
但本质原理是相似的。
不同于杜威分类
系统的十个大类，
国会分类系统使用 21
个字母作为起点。
这次我们
飞向月球吧！
先生，我想
再吃一点。
图书馆·分类法
A 综合性著作
Z 书目及图书馆学
V 海军科学
U 军事科学
T 技术
S 农业
R 医学
Q 科学
P 语言、文学
N 艺术

* 但也不是每次！世上没有完美的系统。更多内容稍后再讲吧。

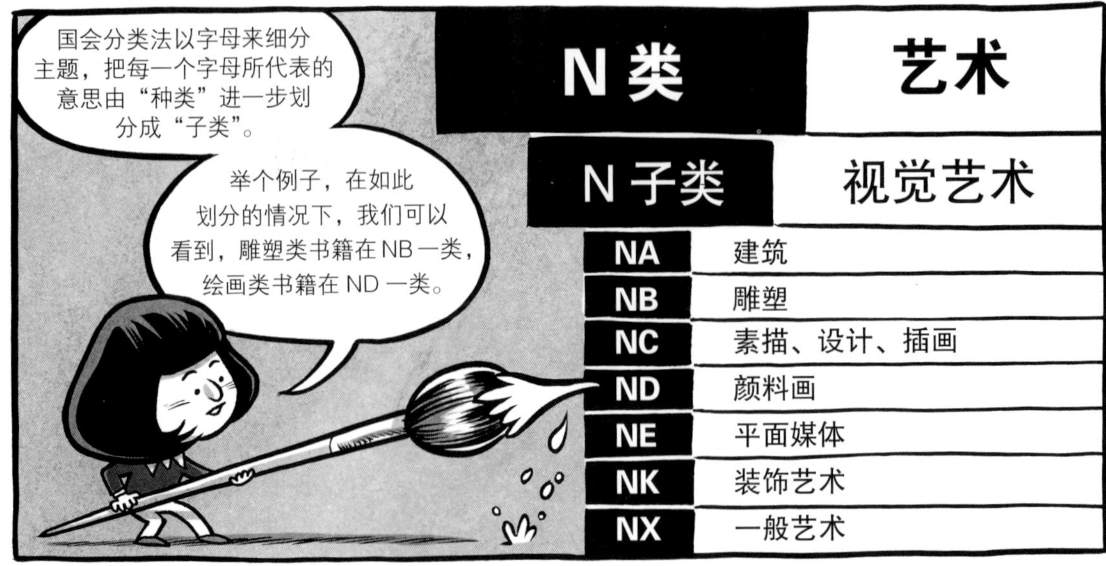

最后，国会分类法在种类/子类系统下面还加入了数字，可以进一步细分主题。有关狐鼠狩猎*的书籍分类是SK336。

分类 S	农业
子分类 SK	狩猎运动
SK336	狐鼠狩猎

* 这个主题真的存在！

一些图书馆会在“官方”编号后面加上一些自己的数字和字母*。

这些数字每个图书馆都不一样，可能用于指明书名、作者或书的出版时间等信息……有时甚至包含以上全部信息。这种方法可以改善分类系统，给每一本书一个独有的编号。

国会分类法

《狐鼠狩猎》作者：吾枪猎满（Load N.Mygun）

	编号 #	作者姓氏缩写	书名第一个字母	出版年份
国会分类法	SK336	M373	v	1998
杜威分类法	973.52	S337	w	2004

《1812年战争》作者：Touch E. Subject

杜威分类法

* 下面只是举例子，你所在的图书馆的做法可能不一样。

这两种分类系统都由美国发明，因此它们更多地以美国和西方国家的观念为基础。非西方国家的文献资料没有太多容身之地，所以很可能没有被充分展现出来。

元数据是很难解释的，但有个简单的例子能向你展示一下它的运作方式。这里有一些关于一辆汽车的信息。每一小片信息都有一定的含义，由此我们可以用标签来描述汽车的各项特征。

元数据能让我们给一小块信息做一个标记，描述它是什么。当你只需要找一件物品的时候，这可能不是个大问题，但当你在成千上万的记录里浏览，并且只想找到符合特定条件——里程10万英里以下、售价1万元以下的车时——元数据就显得至关重要了！

待售：

2001年塔拉姆兄弟制造的拉瓦款汽车，已行8.4万英里，4门，有空调，有CD机，自动挡，售价8250美元。

待售：

制造年份：2001
制造商：塔拉姆兄弟
款式：拉瓦
行驶里程数：8.4万英里
车门数：4
空调：有
CD机：有
变速方式：自动挡
售价：8250美元

如果没有元数据，或者一系列与元数据原理相似的工具，人们在网络（不同于图书馆资源或某种更先进的在线搜索）上进行一次普通的搜索可能会搜出一大堆混乱、有误导性或者不完整的信息。
搜索结果：
元数据工具可以让我们免受其辱！

在网络上搜索信息，结果可能相当混乱。
虽然谷歌有先进的搜索选项，可以使用元数据来对搜索进行优化，但仍然有很多网站没有足够的元数据来满足这一类搜索需求。此外，我们中很大一部分人还在使用一种相当过时的搜索方法……我们打开谷歌后，直接简单地输入我们想找的信息。
看到过的东西不会找不到……
伙计，我们得学点更好的搜索技术了。

普通搜索本质上是在经过谷歌排序的网页里搜寻你输入的短语（或关键词）。在每一次搜索结果当中，这些网页按照短语出现的位置、频率、包含多少链接、该网页存在了多久等因素来排序*。
看到停不下来……
* 还有更多的排序因素，但这些是最基本的。

一次普通的谷歌搜索就像走进一个旧货市集，在一大堆贴着标签的盒子里老老实实地翻找。你可能会在袋子或纸箱里找到一些宝贝，但也会遇上一大堆既无关又无用的东西。有时候，你翻出的第一件东西就是你完全不想要的，这可能会让你彻底丧失继续下去的兴趣。
等你知道如何更加高效地搜索之后，收获会大幅增加，如果这些信息是由一系列元数据描述的，效果会更佳。
婴儿用品

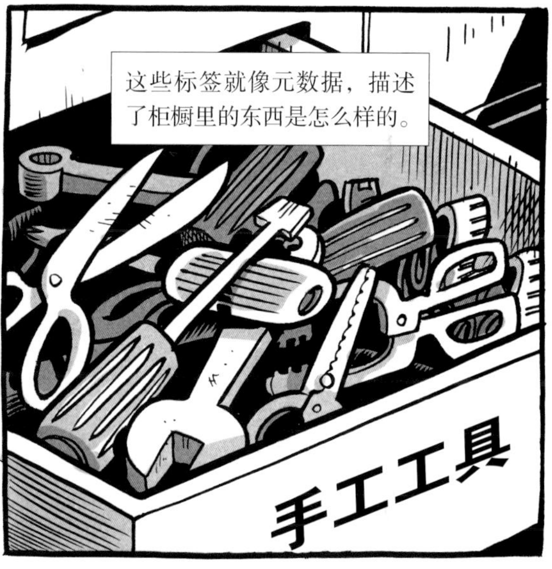

在图书馆所提供的资源里，你会看到许多像这样的东西。这些都是用来描述某一特定资料的元数据。每个标签都代表这本资料的一个特征。

打印 | 引用 | 邮件 | 分享

编目系统

书名：邪恶天才与击败他们的超级英雄：一部口述历史

作者：莱克斯·卢瑟（L.Luthor）

页数：326 页

出版商：大都会出版社

出版日期：1940 年

编号：#364.973 L884e

主题词：有组织犯罪—美国—历史；犯罪者；超级英雄；犯罪—预防犯罪

摘要：多年来，超级英雄阻碍了新时代的到来，一个致力于巩固那些被不公正地贴上了“邪恶”“疯狂”等标签的伟大天才的权力的时代。头一次，这些勇敢而独特的“僭越者”有了发声的机会。

知道数据库里的信息能被标记这点很有用，但前提是确保信息是以连续、标准化的方式被标记的。

我们希望同样类型的信息能以同样的方式被标记。在我们的车库里，如果只有一个抽屉贴着“动力驱动工具”的标签，效率会更高。我们不会给一个抽屉贴“动力驱动工具”的标签，同时给另一个抽屉贴“电力驱动工具”的标签。它们明明是一样的东西！尽管我们承认不只存在一种说法，但还是应该给它们贴一个“官方”标签，并将它们放进同一个抽屉。

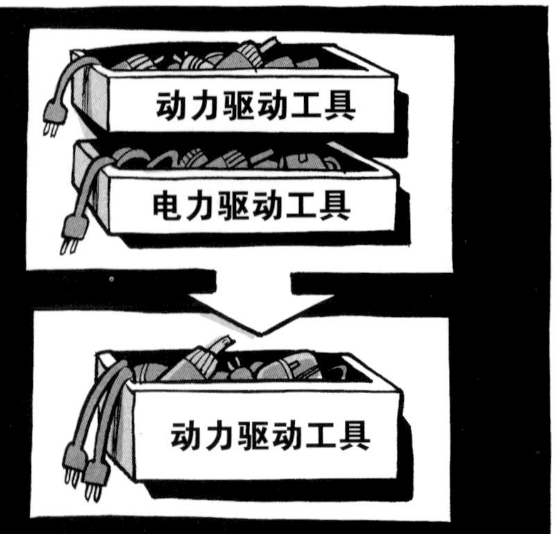

现在，我们还是想确保哪怕你使用了“错误”的词语，依然能找到正确的东西。有时一个看起来不错的链接能把你带去正确的地方，但更多时候你需要自行尝试多个不同词语，或者利用图书馆系统查出他们在使用什么样的“受控词汇”（controlled vocabulary）。

当我们把一系列类似的概念归入同一个标准标签时，就称这个标签为一个“受控词汇”。它具有控制性，因为有人规定了这一说法比其他的更好。

做这些决定的通常是那些为图书编目系统和数据库做信息组织、整理工作的人，他们的目的是让信息更易于被搜索和发现。

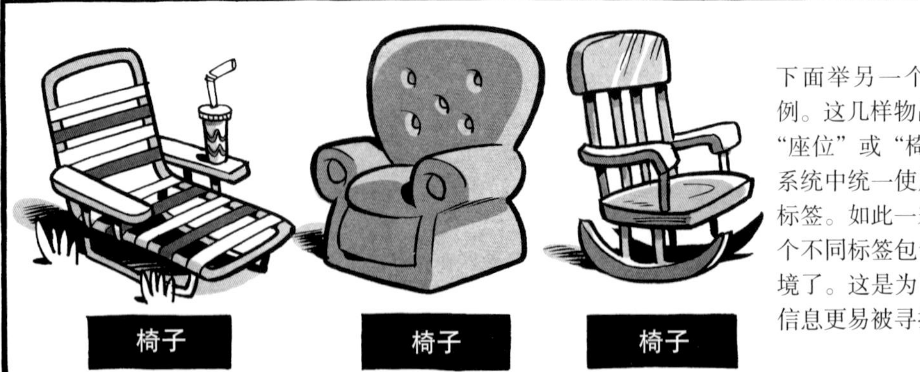

下面举另一个受控词汇的实例。这几样物品都可以被称作“座位”或“椅子”，但在编目系统中统一使用“椅子”这一标签。如此一来就不会遭遇两个不同标签包含相似信息的窘境了。这是为了合并概念，让信息更易被寻找。

座位或椅子？

主题标目（subject headings）是数据库和编目系统里尤为实用的一类元数据。记得我们刚才讨论过的受控词汇吗？在这个例子里，主题标目就是“椅子”。它原本也可以是“座位”，但我们的编目系统明确了“椅子”才是官方使用的词语。

如果你在编目系统里搜索“座位”，可能会看到一条写着类似“座位——见椅子”的信息，让你知道你所使用的并不是系统偏好的词语。图书馆资源有时很吹毛求疵，搞清楚他们到底想让你怎么搜索并不太容易。

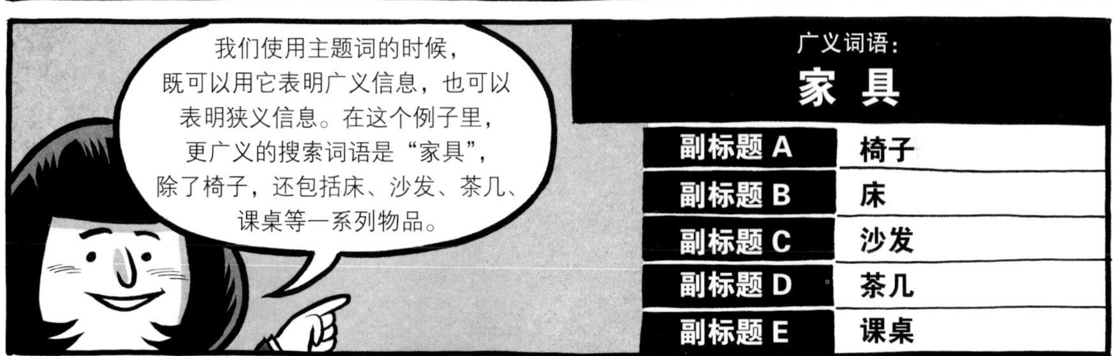

狭义主题标目指的是某一种特定的椅子。“沙发椅”“草坪躺椅”和“摇椅”都是比“椅子”更为狭义的词语。此外，同一事物也可以归入不同的类别之下。“草坪躺椅”可能同时出现在“椅子”和“户外设备”两个类别里。

网站并不像图书馆资源那样使用严格、缜密的元数据。在开放网络中，信息也并不具备与图书馆里的信息相同的规范性与连贯性。这使得一次普通的谷歌搜索很难找到想要的信息。

谷歌总部

由于网络环境中有关主题标目和元数据的标准的缺失，谷歌和其他搜索引擎干脆使用与数据库和编目系统不同的方法来执行搜索。首先，谷歌派出数字“爬虫”或者“蜘蛛”去侦查一些网址，并将这些网址里包含的信息报告给总部。事实上，它们只是复制信息，追踪某一网址的链接，并把信息发回谷歌（这些过程绝对比我形容得复杂）。

你的搜索结果是基于一个谷歌严格保密的排序系统*呈现出来的。但我们知道排序会受一系列因素影响，包括有多少其他网站链接到了这个网页、网页上链接的“质量”等等。所以，在某种程度上，这是一次受欢迎程度的竞赛。

谷歌做出的假设是，受欢迎程度能（部分地）保证信息质量，当然这个观点是有争议的。

* 可见谷歌对其搜索过程的解释：http://www.google.com/intl/en_us/insidesearch/.

搜索：
天气对抑郁症有影响吗？
普通的谷歌搜索最大的两个问题是：第一，你对搜索结果没有足够的掌控……
第二，你正在翻找的资料数量巨大，有相当部分内容未经证实，这意味着有很大一部分信息是……见鬼，很可能是低质量的信息。
抑郁症可能是政府的责任
答案在这里！
点击
治疗抑郁症药物问世！
药片！
搜索结果

由于不能像在数据库或编目系统里那样使用主题词搜索，你需要确保搜索用语足够清楚准确。
我们稍后会谈到究竟如何优化搜索内容。请记住，谷歌在日常生活中是非常有用的工具，能帮你找到一些不错的资源，可它往往不是最好的深入搜索工具，并且永远也不应该是你进行学术搜索时唯一使用的工具……
现在订阅
精选评论
留言板帖子
网络爆红
答案在这里！
搜索结果

……互联网上有海量的垃圾信息，这会让“金子”很难被找到！
国际健康网址协会
纯金
当我们开始撰写这本书时，美国国立卫生研究院（National Institutes of Health，简称 NIH）网站是第一页的第六条搜索结果。一年后，它排位第十七，差不多在第二页的最下面。又过了几个月，它又排到了第十一位，依然在第二页。几乎所有排在“好”网址前面的东西都不太可信。
搜索结果

批判性思维练习

记得使用线上工具记录你对问题的回答

1. 你使用过哪种分类系统吗？比如杜威分类系统、美国国会分类系统或者其他分类系统？你能成功使用这种分类系统吗？为什么能？为什么不能？

2. 虽然这些分类系统试图跟上社会和技术的变革，但它们在很多方面还是过时了。你能看出哪些缺陷呢？该怎样改进这些系统，从而实现更精确的信息组织呢？

3. 在图书馆编目系统里搜索你的论题（如果需要可以向导师或图书管理员寻求帮助）。一旦你得到了结果，看看其中一些资料的编目号码。这些编目号码是相似的还是不同的？如果编目号码之间的差别很大，应该怎样解释这些差别呢？

4. 在图书馆编目系统或数据库里搜索你的论题。找一条你最感兴趣的结果点击进去，这时会跳转到“记录”页面。你在这里看到了哪种描述信息（或元数据）？换句话说，这个页面提供了什么样的细节信息？

5. 在谷歌里搜索你的论题。你得到了多少种结果？这些结果看起来是否有助于你的学术研究？它们是不是针对更广泛受众的？看看第一页的搜索结果，再往后翻几页，是否发生了什么变化？它们与你的研究计划的联系是更紧密了还是更松散了？你能分辨这些搜索结果在质量上的差别吗？

第三章

信息搜索与图书馆编目系统

理解信息搜索

早些时候，电子书和其他数字资源尚未占据主导地位，编目系统只是一张记满图书馆实体书信息的单子……都是印刷品。在电子系统问世前，编目系统是一张张用书名、作者名或主题（所以那时候人们已经开始使用元数据了！）等信息组织起来的纸质卡片。那时候搜索信息是非常费时费力的*。

* 现在搜索信息也很费时费力，却是出于不同原因。

重要的是记住元数据——书籍资料的全部描述性信息——都是需要被仔细检查的。这份包含元数据（比如书名、作者名和主题）的“记录”，就是我们键入词语时，系统搜索的东西。

当代编目系统和探索服务不仅能列出图书馆的实体资料，也能列出数字资料，比如电子书、期刊论文和网址。每种系统可能各不相同，但很多特征和功能都十分标准化，对于大部分编目系统可以采用同样的搜索策略。

书名： 邪恶天才与击败他们的超级英雄：一部口述历史

作者： 莱克斯·卢瑟（L.Luthor）

页数： 326 页

借阅地点： 中央图书馆二楼，电子书 1 本（点击此处获得电子书）

出版商： 大都会出版社

出版日期： 1940 年

编目编号： #364.973 L884e

ISBN： 978-X-368-44531-X

主题词： 有组织犯罪—美国—历史；犯罪者；超级英雄；犯罪—预防犯罪

内容： 章名包括“比快速的反派更快”“一回合就挫败我的邪恶计划”“犯罪者是一群勇敢机智的人”“巨大的力量会使人无法弄懂我‘阴谋诡计’的宏伟蓝图”

摘要： 多年来，超级英雄阻碍了新时代的到来，一个致力于巩固那些被不公正地贴上了“邪恶”“疯狂”等标签的伟大天才的权力的时代。头一次，这些勇敢而独特的“僭越者”有了发声的机会。

预览本书 | 帮助 | 引用 / 导出 | 打印 | 邮件发送 | 保存 | 分享链接

你要使用这些词语来撰写搜索语句（search statements），也就是要输入搜索栏的内容。这比只输入一个词语要复杂一些。最终你需要用多个搜索词语和特定连接词让搜索更灵活多样。我们之后会介绍更多这方面的内容。现在你只要记住，改变搜索词语的组合方式，可能给搜索结果的数量、质量带来巨大的影响。

搜索中最基础的类型叫作关键词搜索。关键词搜索能给你很多宽泛的搜索结果，这也是许多数据库和编目系统的默认搜索选项。

数据库：

- **超级电容器**
- **学术世界搜索加强版**

漫画书和文化

搜索结果：第 4 页，共 120 页

1.  《全球漫画》，皮埃尔·马丁 著，PAU 出版社，2006 年版
2.  《漫画批评！》，杰克逊·P. 福特 著，轴心出版社，2013 年版
3.  《卡通艺术和第二次世界大战》，艾米莉·里肯斯博士 著，格林斯蒂德大学出版社，2008 年版
4.  《女性超级英雄：文化和社会影响》，玛丽·泽特纳 著，隔间和萨弗出版社，2008 年版

- 《英王钦定版圣经：一段新历史》，苏珊娜·米德尔顿 著，史密斯 & 威灵汉姆出版社，2008 年版。借阅地点：1 楼。编目编号：#220.5203 M533k
- 《狮子王》（录像版）借阅地点：儿童 DVD 区。编目编号：#DVD Lion King
- 《王者詹姆斯：球场上的勒布朗》，马丁·扎莱 著，牙齿 & 指甲运动出版社，2009 年版。借阅地点：儿童阅览室。编目编号：#796.323 James 2009
- 《一片遥远而孤独的土地：一部小说》，詹姆斯·金 著，奔向光荣出版社，2000 年版。借阅地点：阅览室。编目编号：#813 K564f 2000

我们得到了这样的搜索结果，是因为关键词搜索更关注每条记录中的元数据。关键词搜索并不区分书名、作者名、主题等。

关键词搜索也不一定会把你输入的搜索短语当作整体来搜索。所以我们会搜到“狮子王”（由詹姆斯·厄尔·琼斯配音）和勒布朗·詹姆斯的书，因为人们有时以昵称“小皇帝詹姆斯”来称呼勒布朗。最后，我们还找到一本书，作者是詹姆斯·金。你有可能得到有用的搜索结果，但不相关的结果也会混杂其中。这就是比较常规的关键词搜索的运作方式。

关键词搜索就像是走进我们的工具间里，说“我需要一些工具来整理院子”，然后查看每一个抽屉，寻找能整理院子的工具。
你会发现一些大致符合你需求的东西，也会发现一些可以用但并不是你真正想要找的东西，还会发现大量根本用不上的东西。你把能找的地方都找遍了，却没有使用正确的方法在事先整理好的数据中搜索。

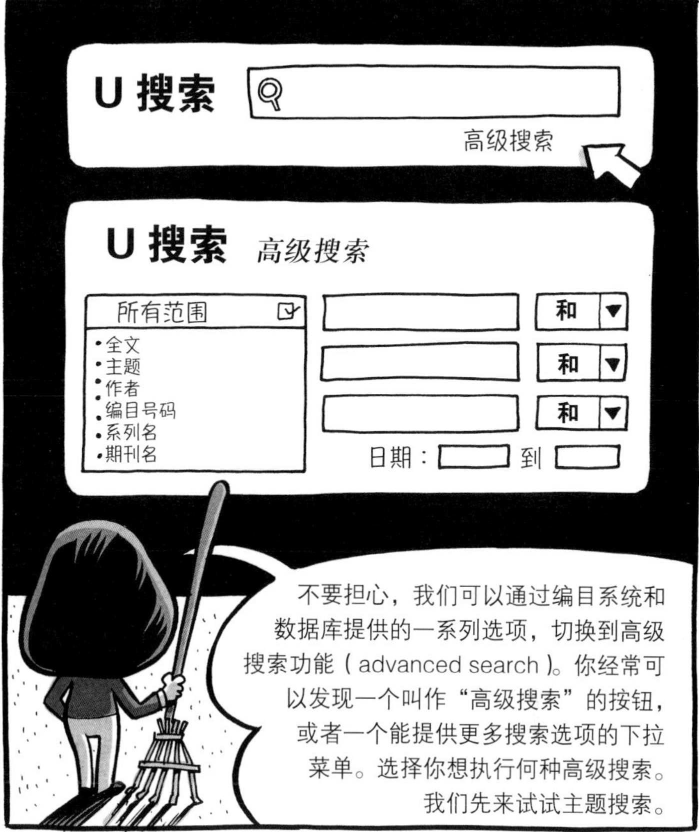

像我们之前讨论的那样，受控词汇通过给相似概念定义单一的标准标签来帮助我们组织信息。主题标目或主题词就是一种受控词汇，能帮我们找到信息。

搜索结果：

书名：邪恶的天才
作者：莱克斯·卢瑟
主题词：有组织犯罪—美国—历史；犯罪者；超级英雄；犯罪—预防犯罪

当我使用主题搜索时，系统会浏览一系列主题词标签登记在这个词汇之下的书籍，然后向我提供一系列符合该标签的书目清单。不同于关键词搜索，主题搜索只搜索与主题词有关的元数据，而不是整个档案。

学术世界搜索加强版

漫画书 | 主题词 ▼

· 论文题目
作者姓名，期刊名，第几辑，第几期（日期），页数范围。
主题：漫画书，连环画等；电影和漫画书

· 论文题目
作者姓名，期刊名，第几辑，第几期（日期），页数范围。
主题：漫画书，连环画等；恐怖漫画书，连环画等。

但如果你不知道这种东西被赋予了什么标签怎么办？如果你不熟悉有关某一论题正确的主题词怎么办？这里有几种选择能让你步上正轨。用同义词词典找到可替换的术语从而扩大或缩小你的搜索范围，或者使用图书馆提供的图书编目系统或数据库的主题词指南，查找官方使用的主题词。

工具

广义术语 ☐ 五金工具

狭义术语 ☐ 斧子

☐ 锤子

☐ 钳子

☐ 螺丝刀

相关术语 ☐ 设备

书名：邪恶天才与击败他们的超级英雄：一部口述历史

作者：莱克斯·卢瑟（L.Luthor）

页数：326 页

出版商：大都会出版社

出版日期：1940 年

编目编号：#364.973 L884e

主题词：有组织犯罪……历史；犯罪者；超级英雄；犯罪……预防犯罪

摘要：多年来，超级英雄阻碍了新时代的到来，一个致力于巩固那些被不公正地贴上“邪恶”“疯狂”标签的伟大天才之权力的时代。第一次，这些勇敢而独特的“僭越者”有了发声的机会。

点击这里，可以看到所有与“超级英雄”有关的资源！

如果你已经通过关键词搜索发现了有用的书，看看这本书档案页面的主题词，点击一个最符合你调查方向的词汇，它会为你呈现一张列有这个主题标目下所有书目的书单！

你也可以用作者搜索。

通常做作者搜索的时候，你要先搜作者的姓[*]。记住拼写很重要——如果你拼错了作者的名字，你会找到一堆毫不相关的作者。

作者搜索有助于找出某一特定作者的全部研究成果，如果这位作者在你的论题的研究领域十分知名，那么这样的资源迟早会有用。小心相似的姓（Maccormack/Mccormick）或者太过常见的姓（Wang/Hall），因为可能会搜出无数结果！[**] 你也许不想用某个作者的姓来搜索了……

除了狗狗，书也是人类最好的朋友。但要像读书那样读懂狗狗的内心却很难。

在资产阶级社会中，资本是独立的且有其性格，一个活着的人却是非独立的，且没有性格。

MARX

* 你可以在多个姓之间加逗号，但许多系统不需要逗号也可以正常执行搜索。

** 许多作者的名字旁边会标注作者的生卒年，可以帮你区分有相同名字或类似名字的作者。

你也可以用书名搜索。

显然，如果你知道书名，搜索会很容易。只记得书名中的一个短语或者一串单词也可能搜出书名，但如果你什么都不记得，可能就无法找到那本书了。比如，我可能记得自己想要找的那本夏洛克·福尔摩斯故事书里有一只吓人的（抱歉剧透了）“幽灵”狗，所以我输入“夏洛克·福尔摩斯”做书名搜索（title search）。

搜索会产生不少结果，但既然书名其实是《巴斯克维尔的猎犬》，根本不包含“夏洛克·福尔摩斯”，很可能就查不到这本书了。当你不确定书名时，最好用关键词搜索或主题搜索。

哦，当然了，福尔摩斯才是巨星。我是不像会出现在书名里的……

说到高级搜索，记住，当你使用作者搜索、书名搜索或者主题搜索时，系统只会查阅那些特定的标签，不会搜索其他信息。

在正确的范围里做调查！想研究“美国内战”却用作者搜索不会带给你想要的结果，因为你的搜索词不会出现在作者范畴中。弄清楚你想做哪种搜索，并且弄清楚应该输入什么样的搜索词汇。

就是那里！

还有一件事要提醒你：图书馆编目系统和数据库对拼写十分严苛[***]，所以你一定要保证搜索时拼写正确，对于某些书名来说，还要依照作者的意图拼写。搜索“宠物公墓”（*Pet Cemetery*）是找不到斯蒂芬·金的《宠物公墓》（*Pet Sematary*）的。即使用关键词搜索也不见得有效。

你还能更刻意一点吗？

*** 虽说如此，但现在这些系统已经改进不少了。

只用一个词语进行关键词搜索可能太过模糊，我们可以使用一些叫布尔运算符（Boolean Operators）的工具进行词语组合搜索，以此改进关键词搜索。

但在说明布尔运算符是什么之前，我们先来用全新的方式描述一下关键词搜索吧。

假设我们要研究古老的海盗船，我们以“海盗”为关键词做一次搜索。这个圆圈代表图书馆中每一个记录中包含“海盗”的书。如你所见，过于宽泛了。

现在想象一下代表另一关键词“船只”的搜索结果的圆圈。这两个圆圈代表不同的搜索过程和不同的搜索结果。但这次搜索也有同样的问题：太过宽泛。

如果我们在一次搜索中同时使用两种关键词呢？如果能在两个关键词搜索结果的圆圈的交集里，找到一个更狭窄的范围，我们的搜索就可以更集中了。虽然离精准还有一段距离……我们要找的不是现代海盗船的信息。

海盗

船只

通过加入另一个搜索词“历史”，我们可以把另一些条件纳入本次搜索。加上对“历史”的搜索之后，我差不多能保证自己得到一系列海盗船……我们想找的那种古老历史中的海盗船！

布尔运算符让这种搜索成为现实。
它可以用三个词语让你的搜索范围变大或变小。
AND: 缩小
OR: 扩大
NOT: 缩小

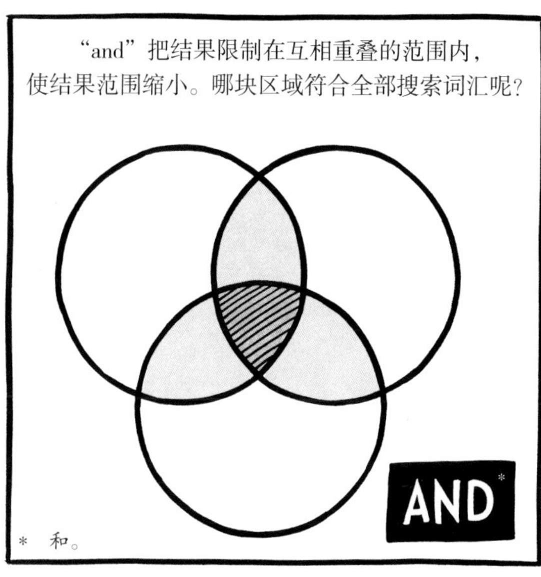
“and”把结果限制在互相重叠的范围内，
使结果范围缩小。哪块区域符合全部搜索词汇呢？
AND*
* 和。

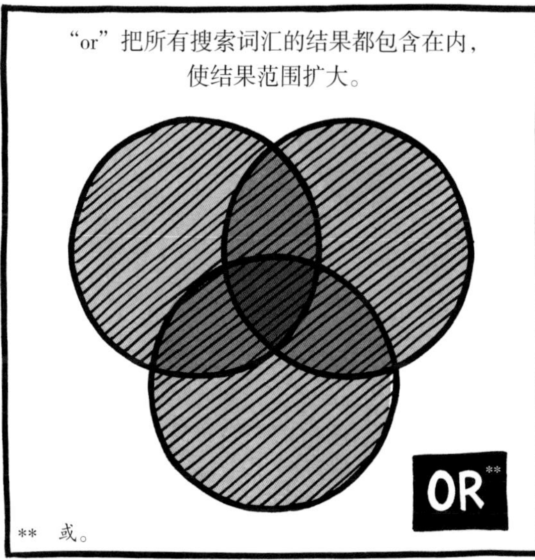
“or”把所有搜索词汇的结果都包含在内，
使结果范围扩大。
OR**
** 或。

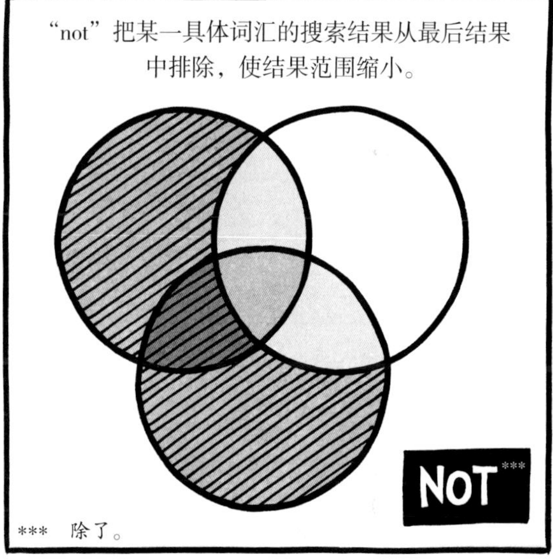
“not”把某一具体词汇的搜索结果从最后结果
中排除，使结果范围缩小。
NOT***
*** 除了。

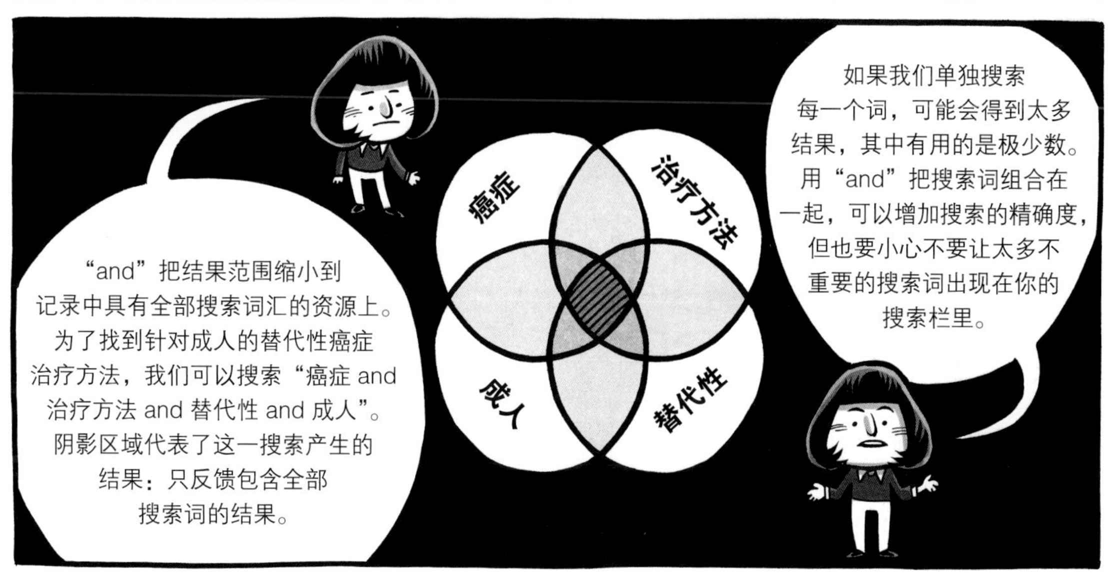
“and”把结果范围缩小到记录中具有全部搜索词汇的资源上。为了找到针对成人的替代性癌症治疗方法，我们可以搜索“癌症 and 治疗方法 and 替代性 and 成人”。阴影区域代表了这一搜索产生的结果：只反馈包含全部搜索词的结果。
癌症
治疗方法
成人
替代性
如果我们单独搜索每一个词，可能会得到太多结果，其中有用的是极少数。用“and”把搜索词组合在一起，可以增加搜索的精确度，但也要小心不要让太多不重要的搜索词出现在你的搜索栏里。

“or”通过使用每个搜索词汇分别进行搜索来扩大结果的范围。要找到与“基因改良食品”（genetically modified food）相关的信息，由于存在可以替换的词语，比如“转基因生物体”（genetically modified organism，简称 GMO）和转基因食品（genetically engineered food），我们用 or 来在数据库或编目系统中搜索，从而找到档案记录里包含每一个词的项目。当你希望搜索结果里包含意义相近的词语（近义词）的时候，就用 or 吧。

“not”通过排除一个词或短语来限制我们的搜索范围*。举例来说，要找到美国以外的转基因食品的相关信息，搜索“转基因食品 not 美国”，可以排除所有提到美国的搜索结果。

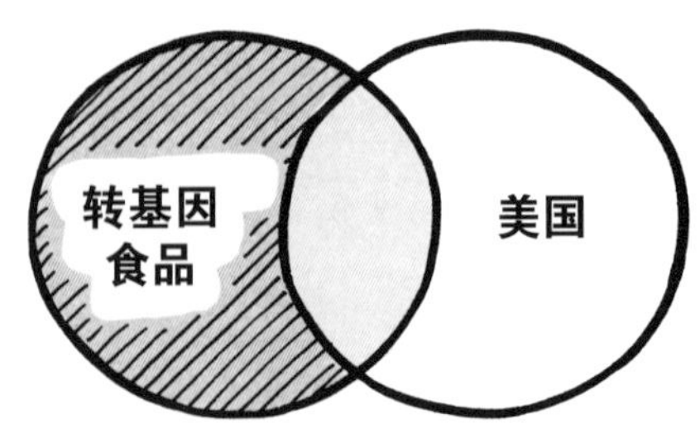

* not 也可能会淘汰掉一些有用的信息，所以小心啊！

高级搜索

	香蕉
AND	派
AND	食谱
NOT	美洲山核桃

如果你的编目系统、数据库或搜索引擎提供了“高级搜索”选项，一定要用！高级搜索选项一般有多个搜索条，你可以分别输入词语，并从下拉菜单中选择算符（and 或 or 或 not）。

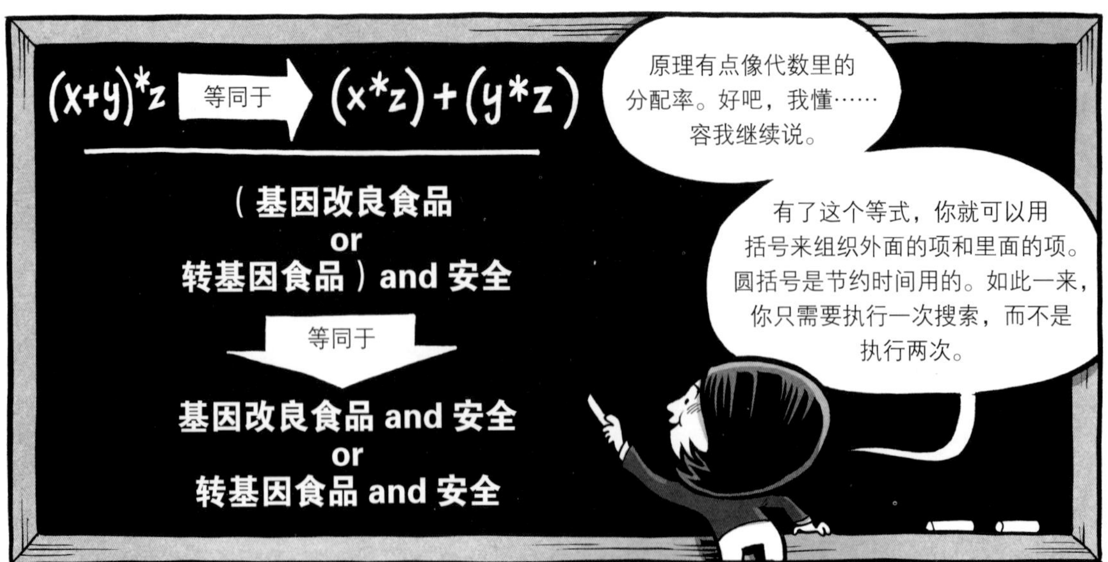

当我们想要把一个词的派生词也搜索出来时，截词可以扩大搜索的范围。你也许会想到，既然编目系统和数据库在拼写方面那么吹毛求疵，把搜索词截掉一部分可能会毁掉整个搜索过程，你想得很对！

所以当我们把词语缩短时，需要加入特殊的字符，好让系统知道我们在做什么。通过在截取点插入那个字符，我们告诉系统要搜索以一串特定字母为开头的词语。所以，为了找到“理论”（theory）一词的各种形式，我会搜索“theor*”*。

理论的
定理
理论
原理
西奥伯琴
推理
建立理论
theor*

* 每个编目系统或数据库会规定自己的“触发”字符，所以不同的系统有不同的符号。最常见的是星号（*）。

** 在你可以开始执行截词搜索之前，有些系统会要求键入的词必须保留最低的字母数量。

通配符（wildcards）让你可以在一个词的中间“填空”。

问号代表一个字母，感叹号则代表一个字母或没有字母。
m!ustache
MUSTACHE
MOUSTACHE
gr?y
GRAY
GREY
alumin!um
ALUMINIUM
ALUMINUM

注：胡子、灰色、铝

通配符非常有用，但记住，每个系统都有自己的一套通配符。所以在你使用一个数据库或编目系统之前，需要点击“帮助”键。帮助页面里一般有通配符列表。如果你找不到，就问图书管理员吧！
F??T
fist
fest
flit
fast
foot
felt
fort
font
flat
frat

“心脏病”
另一种搜索技巧是使用引号来搜索档案或电子书全文中的某一具体短语。用这个方法可以找到数据库或编目系统中的关键词、具体引述甚至论文标题。搜索一个确切的短语能保证你的搜索词是一个整体，而不是两个分开的词语。
比如，在数据库中进行一次关于心脏病论文的普通搜索，你会得到海量结果，但许多结果与搜索目的无关。很多结果可能是关于某种会影响到心脏的疾病，但不是“心脏病”。通过把“心脏”和“病”用引号括在一起，数据库就会知道必须把它们当作一个整体来搜索。
我们可以换个话题了吗？
哦，老天……对不起。

RESULTS
Night Club
抱歉，朋友们
……今晚只有书。
噢，
老兄！
DVD
地图
使用数据库或编目系统时，也可以用某些特定的标准来限制搜索结果，比如形式（书/论文/地图/乐谱等）、出版日期、是否有全文、同行评议等。

麦克和马特
运动商品
按商品分类购买
运动及户外
休闲
滑板运动
滑板
冲浪板
滑雪板
悬浮滑板
抱歉！
此商品无货
分面搜索（faceted searching）的原理就与这个限制过程类似。有点像网购，点击“按商品分类购买”的链接，然后一层层找下去，直到找到你想要的东西。

当你想搜索有关自己论题的最新资料时，通过限制出版时间来限制搜索范围就会变得很有用，这点在科学技术领域格外重要……如果有限制出版时间的选项可以选，你就可以将搜索内容限制过去五年或十年之间。
这些无意义的
东西真是够了！
你必须兼顾
幽默感！
老兄，
那不算是
“前沿”了。

限制信息的形式也很实用。如果你自己无法去图书馆取书，就可以把搜索范围限定于电子书。
我说，
幽默感！
大哥，
你够了。

“如果说我看得比别人更远些，那是因为我站在巨人的肩膀上。”

——艾萨克·牛顿，1676年2月5日*

* 100%准确起见，牛顿写的是“shodlers”（而不是“shoulders”）。虽然他是货真价实的天才，但他没有检查拼写。

批判性思维练习

记得使用线上工具记录你对问题的回答

1. 把一个研究问题或中心论点拆分开来，分解成多个搜索词汇。现在给这些最初的搜索词汇想一些同义词或相关术语，使用布尔运算符和括号（如有必要）将这些词组织到一起，为它们创造一个能在编目系统或数据库搜索过程中使用的搜索语句。用这个语句进行一次搜索。搜索结果是什么样的？你找到合适的资料了吗？出现的资源足够吗？会不会太多了？怎样让搜索结果的范围扩大或缩小？

2. 找到一些有用的资源后，仔细查看档案中记录的信息，列出有潜力的主题标目。试试点击其中的几个，你找到了什么？

3. 使用编目系统或数据库中的“帮助”选项。高级搜索提供了哪些选项？你想如何使用它们？你认为哪几种高级搜索选项最好用？为什么？

4. 对你来说，哪些搜索词汇最好用？哪些不好用？

5. 使用你的搜索语句在谷歌上搜索你的论题。搜索结果跟你在图书馆编目系统或数据库里得到的有何不同？搜索出的资源符合你的学术需求吗？在找到有用的东西之前，你在结果列表中浏览了多久？提供/创造最有效信息的是谁（个人或组织）？你如何使用得到的信息让搜索更有效率？

6. 进入图书馆编目系统，用关键词、作者、书名和主题四种不同的方式搜索“威廉·莎士比亚”。（记得主题和作者搜索会事先给出一些具体的选项，你得在得到结果之前进行选择。）搜索结果有什么差别？每种搜索的结果有多少？“莎士比亚，威廉”的搜索结果与另外几种有何不同？解释一下这四种搜索为什么会给出不同的结果。用谷歌搜索又能得出哪些结果？

7. 用布尔运算符（and，or，not）做一次高级搜索。记下结果的数量和类型。现在试着把你的搜索词换成近义词，记录下搜索结果的变化情况。与第一次搜索相比是否有所不同？换句话说，两次搜索是否给出了相似但又不完全相同的结果呢？

8. 找到自信了吗？试试更复杂的搜索。将你在上面尝试过的两种搜索组合在一起。比如，我可以选择两种——“枪 and 法律”和“枪支 and 法律”——把它们组合成“（枪 or 枪支）and 法律”。两个搜索变一个！这样搜索出来的结果跟前两次搜索相比有什么差别？

第四章

期刊和数据库

之前已经说过编目系统了，现在再说一种我反复提及的图书馆资源吧：数据库（databases）。数据库与编目系统的相似点在于它们都是可检索的信息集合。事实上，编目系统也是数据库的一种。

当我们在图书馆里使用“数据库”这个术语时，其实我们说的是一个专门用来获取数字信息资源的系统，这些数字信息资源包括电子书、百科全书文章、图片、机构信息等，尤其还有学术期刊等各类期刊。

这就带给我们一个重要的问题……

首先，期刊（periodicals）是一些定期出版的东西……这就解释了“期”，对吧？期刊是每天/周/月/季/年等编纂出版一次的书刊，它们可以是杂志、新闻报刊、学术期刊，可以是在网上发表的文章或实体书，也可能二者兼有。不像那些出版一次后内容就固定下来（新版本除外）的书籍，期刊总是处在一个生产新内容与出版不断进行的过程当中。

期刊一般能分成三类：大众，行业/职业，学术/理论/同行评议。在你进行学术搜索前，应该记住每个类别有其不同的特征。

大众出版物中的文章往往由能够吸引大量读者的记者写成——这对出版商来说是首先要考虑的事情——但时不时地，也会有专家学者提供一两篇“特别”文章。大众读物的语言很少使用专业术语，一般也没什么技术含量，因为它们的目标是吸引尽可能多的读者，文章的标题也会相对直白。

大众读物一般不包含让读者能够核实作者调查研究过程的引文或参考文献。按照出版要求，编辑会在出版前检查文章，修改可能的错误。

专业或行业出版物专门提供与某一专业或产业有关的信息，通常由专业组织来出版。这些组织专注于该领域的发展趋势和新闻，主要面向熟悉该领域特有的技术行话的读者。你在这些出版物里找不到面向一般读者的文章。作者和编辑的工作都是以假定读者具备一定水准的专业知识为前提的。你甚至也能在一些博客或网站上找到一些不错的专业信息。

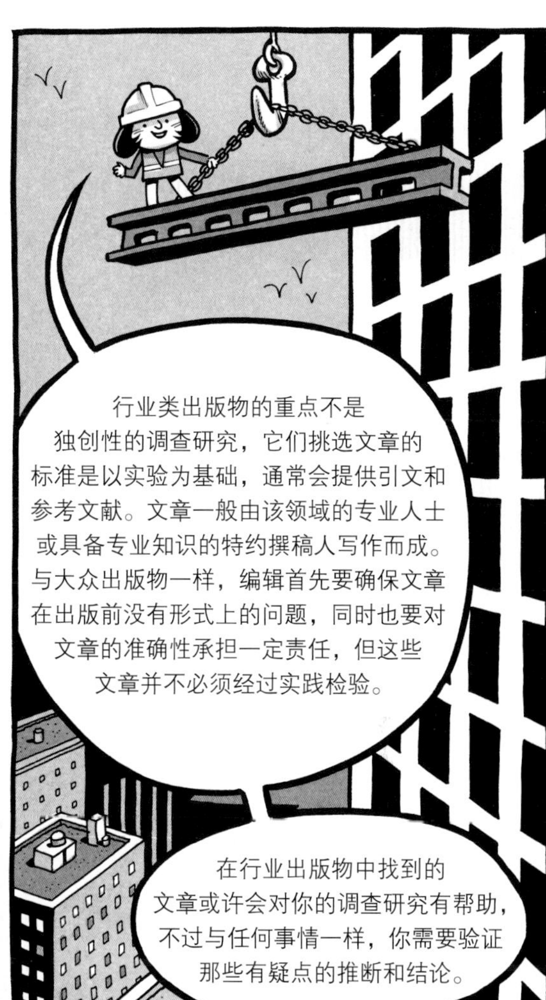
行业类出版物的重点不是独创性的调查研究，它们挑选文章的标准是以实验为基础，通常会提供引文和参考文献。文章一般由该领域的专业人士或具备专业知识的特约撰稿人写作而成。与大众出版物一样，编辑首先要确保文章在出版前没有形式上的问题，同时也要对文章的准确性承担一定责任，但这些文章并不必须经过实践检验。
在行业出版物中找到的文章或许会对你的调查研究有帮助，不过与任何事情一样，你需要验证那些有疑点的推断和结论。

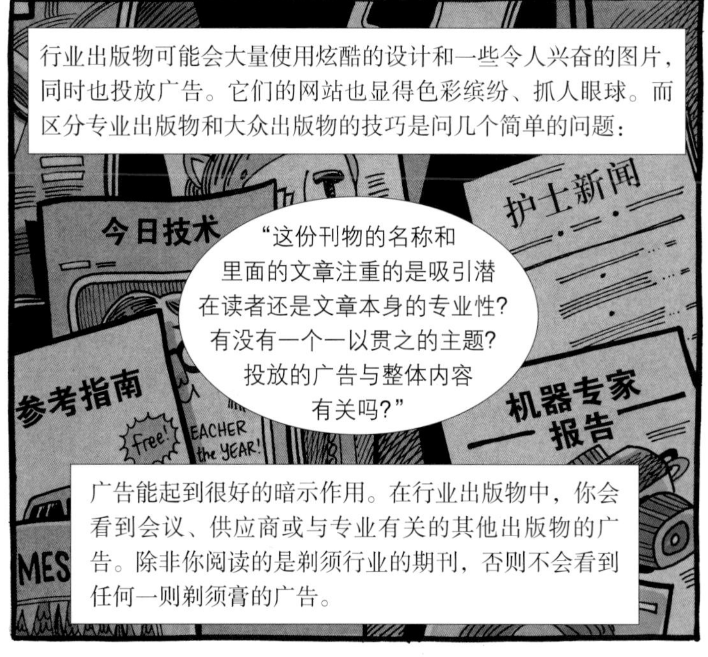
行业出版物可能会大量使用炫酷的设计和一些令人兴奋的图片，同时也投放广告。它们的网站也显得色彩缤纷、抓人眼球。而区分专业出版物和大众出版物的技巧是问几个简单的问题：
今日技术
护士新闻
“这份刊物的名称和里面的文章注重的是吸引潜在读者还是文章本身的专业性？有没有一个一以贯之的主题？投放的广告与整体内容有关吗？”
参考指南
Free!
EACHER the YEAR!
机器专家报告
MES
广告能起到很好的暗示作用。在行业出版物中，你会看到会议、供应商或与专业有关的其他出版物的广告。除非你阅读的是剃须行业的期刊，否则不会看到任何一则剃须膏的广告。

行业出版物一般每一个月或两个月出版一次，不过就像大众杂志那样，网络版的更新可能要频繁得多。
好吧，这个铆钉枪到底怎么用？

学术期刊文章不仅能让学者们分享研究成果，同时也是其他学者开展研究的基础。研究是一个永无止境的过程，并且与前人取得的成果息息相关。研究者在尝试进行自己的研究的过程中也要承认并利用其他人的成果。这样，研究成果不断增多，新发现和新方法也会不断出现。想象一下，每次研究都是建筑上的一块砖，这块砖由先前垒在下面的砖支撑着，同时也将支撑那些后来的、放在它上面的砖。

自然，学术期刊针对的是非常特定的读者群体，比如专业学者和研究人员。刊物会使用大量具有该学科特色的术语和行话。期刊的名称通常会表明它的关注重点，并包含“期刊”二字，以此来确保人们知道它到底讲的是什么。论文标题可能非常明确、充满术语，而且很长。文章正文往往也很长，充满图表和其他佐证文章观点的插图。期刊论文里没有那些肤浅无意义的图像。

你在学术期刊里也找不到任何剃须膏广告。如果有广告，也是与学术期刊的核心内容有关系的。在这些广告里，你可能会看到另一些出版物或者研讨会的告示，也可能是专业设备、工具或具有专业用途的资源的广告。

按惯例，学术期刊的印刷版往往十分简约，没有过多装饰和明亮的颜色。你永远不会看到期刊封面上写着“世界最火辣的火山学家”。好吧，你可能会看到这种封面，但“火辣（hot）”绝不是你想的那个意思。

虽然世界上有很多种学术期刊，但你很可能只能在图书馆或图书馆数据库里看到它们。这些期刊十分昂贵*，读者面狭窄，所以你是不会在报刊亭看到它们挨着《美国周刊》放置的。

……再要一本最新的《临床内分泌学与新陈代谢》，这周末不要过得太开心哟。

* 图书馆花了一大笔钱在学术期刊上。好好利用它们吧！它们被放在图书馆就是为了被使用的！

不过，不同于一些通常很昂贵的在线期刊和数据库，有越来越多“开放获取”的在线期刊开始免费为用户提供获取学术期刊论文的服务。开放获取的期刊能提供一些高质量的研究论文，不过有些没有被编入图书馆数据库的索引清单——但就像大部分事物一样，这种情况正在改变！

存在疑问的时候，你可以使用像开放获取期刊指南（Directory of Open Access Journals）那样的资源来搜索论文内容。不过无论搜索什么，你最好尽量证实它们的合法性。

开放获取俱乐部

卷

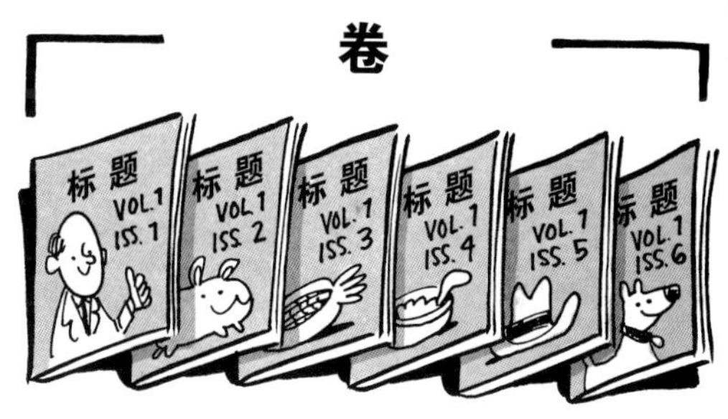

学术期刊按照标题和学科，每月、每双月、每季、每年甚至每几年才出版一次。

大部分时候，哪怕期刊只在网上出版，它们也会有卷号和期号。卷一般包含了在特定时间内，一般是一年内，出版的所有期数。期号则用于指明每一本单独发行的期刊。

比如，如果一本期刊是每双月出版一次，那么每年就有六期。这六期就“包含”在一卷之中。

一卷中的每一期刊物的页码并不全部从 1 开始。把一卷期刊想象成一本大集子，分成许多小部分，第一期的页码从 1 开始，但之后几期的页码可能接着前一期最后一页的页码继续算。

每当新一卷出版，页码又开始重新计算。如果图书馆订购了一种期刊的纸质版，可能会将一定期数的期刊装订成一卷，制作成一本书一样的大集子，以此让整卷刊物保持完整，便于读者在架上找寻。

期刊论文的作者是专业学者和研究人员，他们分享自己研究或分析的成果，也评论、核查其他学者或研究人员的研究成果。期刊论文的作者在引用信息的时候非常谨慎，同时会提供完整的参考文献清单，这样一来其他人就可以核实或重复他们的研究过程。

不同于大众和行业出版物中的文章，大部分学术期刊中的文章要经历一个叫作同行评议（peer review）的过程。这一过程能保证文章的准确性，让这些文章成为你做调查研究时理想的参考资源。

一篇论文经受同行评议的时候，作者会把它发给一个学术期刊的编辑。编辑再将论文发给其他专家，他们有资格对论文进行阅读、评价、提出修改意见。

编辑还需汇集各方的观点，以确保专家们对这篇论文达成了共识。为了避免个人偏见影响评审者的工作，通常作者名对评审者（或其他具有资质的组织，比如大学的附属机构）是保密的。

这就叫盲审（blind review）。评议过程可能会持续数月之久，考虑到评审者可能提出的各种建议，作者很可能被要求提交多个不同版本的文章。

学术期刊

行业出版物

新闻报纸

期刊

比起数据库，图书馆的馆存期刊太少了。

* 你还能从数据库里找到电子书和百科全书。但在这里我们暂时只说怎么找论文，尤其是学术论文。

即使用数据库找到了某篇打不开的论文，你也可以在图书馆找到一份实体拷贝，或者向其他图书馆提出申请。当你的搜索对象是论文的时候，数据库是最好用的。

选择哪种数据库取决于你的研究需要和你的论题。如果你有疑问，就去问图书管理员吧！这些数据库能让你接触到很多出版物，你自己很容易迷失其中。你去的图书馆也许能接入一百多种数据库，并且每一种都有一个不同的主题！

图书馆编目系统和数据库还有一个区别是什么呢？每个图书馆一般只有一个编目系统，但数据库却往往有很多。为什么这么多？因为面向不同读者群体的学术期刊太多了。一些不错的综合数据库会有很多种主题的期刊，但可能缺乏深度；换句话说，一些具有特定主题的数据库，主题虽然狭窄，但内容往往很有深度。

* 记得那些既能找到实体信息又能找到数字信息的“探索服务”（discovery services）吗？在你想要搜索所有学科并找到所有形式的资料，如书、期刊论文、学位论文和未出版作品时，“探索服务”格外有用。唯一的问题是你或许会被海量的搜索结果淹没。

你可能会好奇
为什么你不能用谷歌
搜索这些信息。谷歌搜索
比这些复杂的数据库
搜索容易多了，
不是吗?

不许
进来!

全文堡垒

抱歉，但大部分学术期刊里的文章
无法被谷歌搜索出来。谷歌学术搜索
(Google scholar search) 只能帮你定位
一大堆学术论文或全文的引文，大部分
论文的全文依然“锁在”数字之门的后面。
你去的图书馆能进入这些门，是因为它向
这些入口付费了。可以进入这些入口也并
不意味着你获得了这些资料的所有权 (入
口可能会消失或被锁定)，但大部分
时候，学生和研究者可以得到
所需的信息。

噢，
该死!

加强版学术世界搜索

Q | 选择范围 ▼

AND ▼

AND ▼

搜索模式
◉ 布尔
○ 查找所有搜索词

TX- 全文
AU- 作者
TI- 书名
SU- 主题
AB- 摘要
PE- 人
PS- 评价
IS - ISSN
IB - ISBN

在搜索方式上，数据库和编目系统很类似。当你输入搜索词后，系统会在元数据中进行查找，寻找你想要的东西，跟编目系统的原理一样。

在其他选项里，你可以使用关键词，或者使用书刊名、作者名或主题等进行高级搜索。你也可以通过下拉菜单或者添加搜索词的方式，使用布尔运算符（and，or，not）。

* 省略了一些提醒，因为你很出色，我们希望你能成功。

当你进行一次搜索后，会得到一张结果清单，跟你用编目系统的时候一样……但搜索出来的信息看起来会有点不同。你很可能会在看到论文标题的同时，看到期刊刊名、卷号、期号和页码，而且可能会看到获取全文的链接。

加强版学术世界搜索

Q 漫画书 | 主题词 ▼

- “论文标题”点击此处**获得全文**
作者姓，作者名。期刊名，卷号，期号（日期）：页码范围。
主题：**漫画书**、连环画等，电影和**漫画书**

- “论文标题”点击此处**获得全文**
作者姓，作者名。期刊名，卷号，期号（日期）：页码范围。
主题：**漫画书**、连环画等，恐怖**漫画书**、连环画等。

* 过一会儿我们会说到“摘要”（abstract），可以解释即使是只展示文档片段的搜索结果也会相当有用。

脑震荡 AND 高中生运动员

结果：

题目：“脑震荡与高中橄榄球运动员：预防和治疗”
作者：詹妮弗·卡斯纳，塞斯·波文
来源：脑震荡研究中西部期刊
主题词：**脑部——脑震荡**
脑部——外伤和受伤
高中生运动员
运动医学
摘要：许多人认为橄榄球运动员不会发生重度脑震荡。然而研究表明，高中生橄榄球运动员经历过的脑震荡水平与其他搏击运动中的青少年运动员一样严重，甚至更严重。

与高中生运动员有关的论文

与脑震荡有关的论文

返回结果列表，在这里你只要点击文章名，就能进入档案页面，看到更多关于这篇文章的信息，但还是无法读到全文。你很可能看到作者的名字、出版商名字、卷号、期号、页码和一些主题标目。

还记得主题标目可能是一片金矿吗？如果你注意到列表里的一些主题标目跟你的论题高度一致，那么快速记下它们以便之后使用……或者简单地点击链接，让数据库为你提供一份包含在那个主题之下的论文清单。

记住，如果你点选了另一个主题的搜索列表，在必要情况下你依然可以对搜索进行限制，从而缩小结果范围。

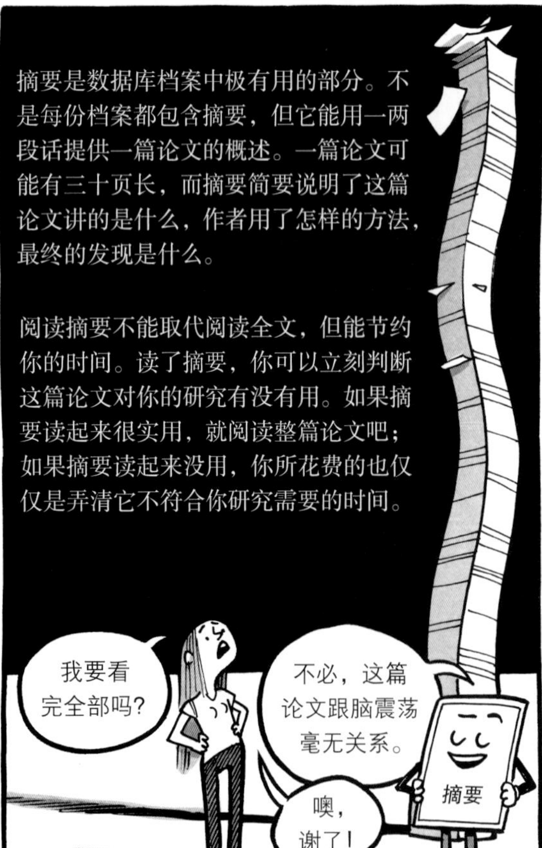

以上大致解释了如何在数据库里进行搜索。再提醒你一次，一定要用与你的论题有关的数据库，一定要使用准确、精心组织过的搜索词和搜索语句。如果你使用了正确的搜索方法以及合适的数据库，你就能找到超赞的资源。

但假如导师给你规定了一篇具体的论文，想让你找来读一读呢？导师给了你引文，但没有其他的信息。研究新手总是碰上这样的任务。你该怎么办呢？

一种方法是在编目系统里搜索期刊名，再去书架上查找卷号和期号。另一种方法是看看能否在图书馆数据库里找到。

引文哥

有本事来追我呀！

由于每个单独的数据库中不可能容纳所有学术期刊，因此，知道去哪个数据库寻找学术期刊就很重要。

在综合性数据库和专题类数据库中分别尝试着查找一下期刊名。大部分数据库有通过出版物名称进行搜索的链接，然后，用卷号、期号和论文题目缩小你的搜索范围。你也可以试试用谷歌学术进行搜索，看看在哪个数据库能获取这份期刊。

许多图书馆的官方网站上会有可以搜索具体的期刊名的工具，既能搜出实体期刊也能搜出电子版期刊。这些工具非常好。当你搜索期刊名的时候，会得到一张清单，列出了所有包含该期刊的数据库。如果你的图书馆订阅了这些数据库，你就可以点击数据库链接，直接跳转到该期刊页面，按卷号、期号和论文题目进行搜索。

你能在以下地方找到《超级英雄科学与文化期刊》：

开放获取期刊数据库

科学期刊在线

艺术与文化在线图书馆

如果你的图书馆提供探索服务，你可以试试图书馆官方网站上类似于“找书、论文和其他”的选项。将搜索词或论文名输入其中，就能搜出许多数据库。这种方式很简单，但由于你是在海量信息中进行搜索，得到的结果很可能多过了头。

《超级英雄科学与文化期刊》

最新论文

提交

关于本刊

新播客
“比急行的树懒还快！超级（慢）英雄与快节奏世界中的关联。”

冬季研讨会
别忘了注册！

学术期刊可能也会在官方网站或社交媒体上提供免费博客、播客和新闻，所以如果你知道某些期刊跟你的研究有关，一定要关注它们的更新。那些信息超级有用，但你得知道怎么找到，因为这种信息或许比较难找。谷歌一下期刊名称，或在维基百科 / 数据库的专题期刊列表里找找看。

如果在数据库中查找不到你手上的引文，或者你发现你的图书馆里没有论文的全文，还可以申请馆际借阅，就是从另一个图书馆借书。

一般来说，使用数据库就可以发起馆际借阅。你可能会看到一个叫“I.L.L.”“找到全文”“从其他图书馆借阅”或其他类似说法的链接。它们能帮你使用你的图书馆系统向其他图书馆申请一份该论文的拷贝件。

就算数据库里没有馆际借阅功能，你们图书馆官方网站上也很有可能有这个链接。由于通常都能要到论文的电子版，所以借阅过程往往很简单。你也可以借阅实体书籍或其他类型的资料，不过实体资料可能需要邮寄到你所在的图书馆。

批判性思维练习

记得使用线上工具记录你对问题的回答

1. 你在学校或单位怎样进入数据库呢？有很多方法可以进入数据库吗？用你们图书馆的官方网站试试，或者问问图书管理员应该怎么进入数据库，随后请描述这个过程。

2. 如果你们图书馆有一份数据库列表（按字母排序或按学科分类），浏览一遍并列出哪些数据库可能对你的研究有帮助。记住，每个数据库都能提供不同的资源（有时是重复的）。

3. 从中选取两个数据库，看看你能否找到“帮助”链接。在数据库里找到几个高级搜索选项。

4. 在两个或两个以上的数据库里，为你的论题进行数据库搜索，但不要把搜索结果限制在经过同行评议的范围里。拿两次搜索结果做比较，有什么不同？将搜索结果整理成表格，看看这些结果，你能判断哪些是大众文章，哪些是职业 / 专业文章，哪些是学术文章吗？写下你判断的依据。

5. 用谷歌学术搜索找到与你的论题相关的学术论文的引文。你能找到这篇论文的全文吗？如果不能，怎么做才能找到呢？

6. 用数据库或谷歌学术找一篇与你的论题相关的学术论文，看看它在哪份学术期刊里。用谷歌搜索这份学术期刊的官方网站（可能是某个组织或更大的出版集团的一部分），说说是谁在负责出版这份期刊，期刊的受众是谁，期刊的创刊目的或研究范围是什么，订阅制度和流程是怎样的。这些信息如何保证文章的精确度和可靠性？这份期刊是开放获取的还是需要付订阅费才能得到的？期刊的官方网站上有其他能获取的信息吗，比如博客、播客和新闻？这些信息对你的研究有什么帮助吗？

7. 看看这份期刊是否记录在你们图书馆的编目系统、数据库或探索服务列表上。如果是，你的图书馆里有这份期刊的实体版或电子版，或者两者兼有吗？你是怎么知道的？

8. 在网上找到开放获取期刊指南（Directory of Open Access Journals）。使用搜索功能找到一种对你的研究可能有帮助的期刊，判断并描述一下这种期刊中的文章的提交流程。这种标准如何能保证发布内容的高质量？与付费期刊相比，开放获取期刊的提交要求有什么不同？

9. 如果你有一份引文，但是在谷歌上找不到它的论文全文，怎么用你们图书馆的资源找到那篇文章呢？记住，图书馆里可能有几百种数据库。如果只有作者名、文章名、期刊名等信息，有找到这篇论文的简便方法吗？

第五章

在开放网络中搜索信息

为了解释清楚什么是暗网，我们回顾一下谷歌这样的搜索引擎是如何搜索信息的。

当你进行搜索的时候，你搜索的不是万维网，而是搜索引擎的数据库，里面有万维网上那些网站的信息。

对，就是这样。谷歌、必应、雅虎派出这些网络爬虫，或者叫“蜘蛛”，让它们爬向万维网各处。它们会访问无数网站，尽可能搜集信息，并返回总部，把信息储存在我们可以进行搜索的一个数据库里。

所以当你用谷歌做搜索的时候，你其实是在谷歌自己的资源中寻找，而不是直接在外部的网页上搜索信息。因为每个搜索引擎有不同的网络爬虫和不同的分级系统，使用不同的工具也会得到不同的搜索结果。*

网站

网站

网站

对，我在上句话里说了四次“不同”，是希望清楚地表达这个意思：

每个搜索引擎都是不一样的。

* 谷歌有一个很好的视频来说明这个过程：http://www.google.com/intl/en_us/insidesearch/howsearchworks/crawling-indexing.html

虽然搜索引擎和蜘蛛都很酷，但它们仍然无法进入某些类型的网站。网站设计者可以让爬虫找不到网站。如果一个网站必须付费才能进入，爬虫就无法进入、调查并把信息发回总部。如果一个网站需要密码才能进入，结果也一样。

如果一个网站有自己的搜索数据库，比如编目系统或论文数据库，那么普通的网络搜索也无法访问这个数据库。由于很多书籍和学术出版物藏在图书馆编目系统和论文数据库里，怎么找到它们是个大问题。

哦！老兄！

谷歌、必应和雅虎搜索对这些屏障**之内的信息完全或部分地视而不见。所以如果你使用普通网络搜索而不是数据库搜索，就会错过一大堆信息。而在写作学术论文的时候，这是不容小觑的损失。

此外，如果你是大学生，你的学校已经付钱让你进入最好的数据库做研究了，你就应该好好地利用这些资源。

** 更别说其他种类的屏障了……但那些是信息技术课的内容，不是一本信息通识书该讲的内容！

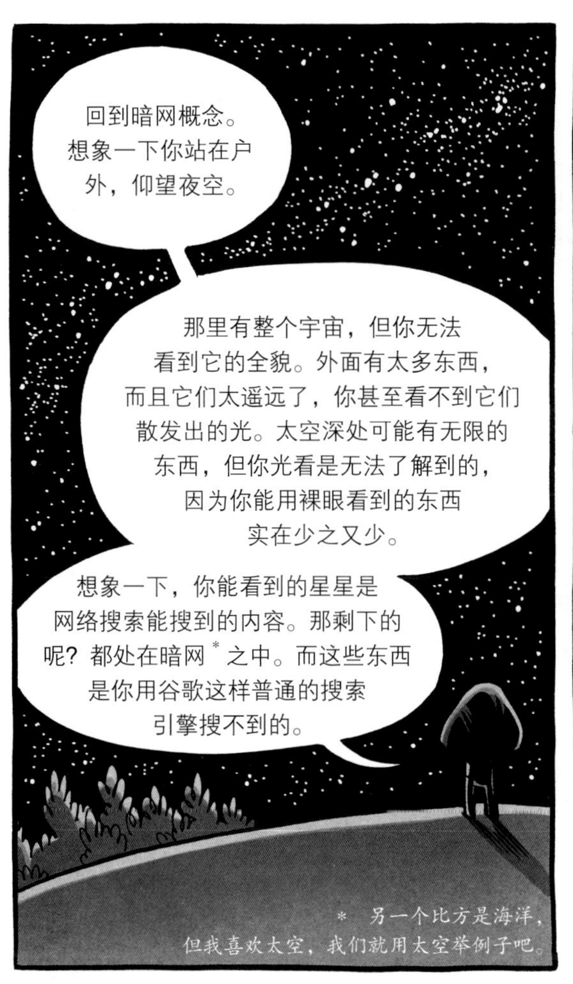

这就是你在常规的网络搜索之外，增添图书馆编目系统搜索和论文数据库搜索的效果。虽然谷歌可以帮你找到恰好也能在图书馆获取的信息。但数据库和编目系统可以链接到更多隐藏的内容。这也是暗网和表层网的区别。图书馆资源可以排除混乱的信息，增加你搜索的深度并提高搜索质量。

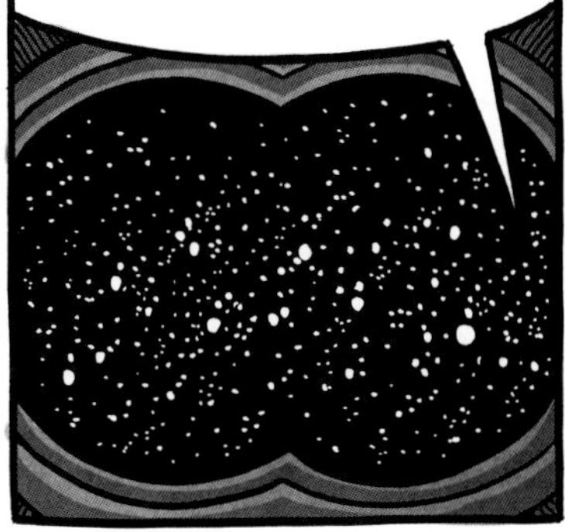

就像深邃的太空一样，暗网这地方巨大又可怕，不过也有很多有趣、实用的东西。暗网远大于你用谷歌找到的“可搜索”网络，有多种搜索、浏览暗网或部分暗网（比如数据库和编目系统）的方式。

但那就超出本书的探讨范围了。重点是，不要觉得在谷歌搜索结果里没有出现的东西就不存在！

确保你的普通网络搜索足够精确，包含多个相关搜索词*。规划好你的搜索词，别在不能帮你精准找到信息的无意义词语上浪费时间。

搜索时间

高中橄榄球运动员
脑震荡预防

* 幸运的是，你已经掌握这些技能啦！

搜索引擎也有高级搜索选项，但与编目系统和数据库里的高级搜索选项有所不同。

首先，高级搜选项很难找到。以谷歌为例，你必须搜索“高级搜索”或你的搜索词汇，然后在页面最下方找到高级搜索的链接。

TIME

高级搜索

找到高级搜索选项后，你会发现里面并没有按主题、作者或书名搜索的选项。即便如此，你还是有很多方法可以限制或扩大搜索范围。

通过使用高级搜索选项，你其实可以沿用布尔运算符（and，or，not）。

你可能会看到很多搜索栏。其中一个是“包含以下全部的关键词”，跟 and 搜索很类似。

而标注了“包含以下的完整关键词”的搜索栏，功能跟引号一样，会在搜索中把那一串词独立出来视为一体。“包含以下任意一个关键词”类似于 or 搜索。“不包括以下关键词”类似于 not 搜索。

布尔运算符

- AND
- OR
- NOT

谷歌高级搜索

- 包含以下全部的关键词
- 包含以下任意一个关键词
- 不包括以下关键词

谷歌快捷搜索

- 输入你的关键词——谷歌自动把它当作 and 搜索
- 在你的关键词之间输入 or
- 在你不想要的关键词旁边输入减号

从某些方面来说，这比编目系统或数据库搜索更简单。它将如何用关键词扩大或缩小搜索范围表述得十分清晰，省略了组织搜索词、使用布尔运算符和括号的步骤。只要把你的搜索字词放到合适的搜索栏里，点击开始就行啦！**

** 尝试参考谷歌自己的小提示吧，见 http://www.powersearchingwithgoogle.com/。

高级搜索也可以让你把搜索限制在某个特定范围里，比如书名或全文。有时你可以使用语种、上一次更新时间、文件类型和域名类型（.com .edu .gov .org 等）来限制搜索范围。

减号

用来剔除一个搜索词

例子

林肯 – 汽车

SITE: "site" 加冒号

用来在一个特定的网站内搜索

例子

site:speeches.com 林肯

你也可以把搜索限制在某一特定网站内部。你可以直接访问一个网站，使用它自带的搜索引擎（可能不是那么好用），或者直接把这个网址输入高级搜索中对应的搜索栏。

“” 引号

使用引号来定义一个具体的短语

例子

“分崩离析的家庭”

也不是必须使用高级搜索选项才能限制或扩大搜索范围。你也可以用具体的符号（或算符）在普通搜索栏里输入一个具体的搜索指令。这些搜索指令等同于你做的高级搜索，只是方法不同罢了。

比如，在一个词前加减号（–）可以把它从搜索词中剔除出去，就像“not”符号一样。在网址前面加入“site:”（要有冒号），可以让你只搜索这个网址里面的内容。在短语两边加引号（“短语”）可以让你搜索完整的短语。

搜索引擎并不是进入开放网络搜索信息的唯一渠道。根据你研究课题的情况，搜索一些政府官方网站、公众网站和非营利组织官方网站或许也会是好办法。他们通常会有免费信息或者基于研究得出的数据资料提供给你。

你可以用谷歌高级搜索来搜索专门的域名，如 .gov。如果你想要的搜索结果只存在于某一类型的网站上，这样搜索会很方便。比如，我想查找与公共信息辨识政策举措相关的资料。我可以在谷歌上搜索“信息辨识”，并把搜索范围限制在 .gov 域名的网站之中，我可以从联邦、州或者地方政府的网站上得到与这个主题有关的信息。

国会图书馆能让你获取许多与美国历史有关的电子资料，也提供许多政府部门、办公室和基金会网站的链接，其中许多网站会提供自己发布的信息和研究成果。更多信息可见 www.loc.gov。

联邦政府每年花费数十亿美元为大量外部研究项目提供资金支持。长久以来公众一直在呼吁让这些研究成果透明化，我们可以期待未来会有更多渠道去了解这些由联邦政府赞助的研究项目。

看起来是存放东西的好地方！

如果你没有接入网络，或者找不到你想找的资源，可以看看你所在的地方图书馆是否被指定为联邦存放处（Federal Depository）。如果是的话，这里会有纸质版或电子版的政府出版物供你阅读。

如果你不知道有哪些组织在做与你的论题相关的研究怎么办？好吧，如果你已经找到了一些有用的论文、书籍或网址，试着进一步查看作者信息，看能否判断出他们是在什么地方工作，或者这项研究是在哪个机构进行的。

你很可能已经就自己的论题做了谷歌搜索。再试一次吧，这次仔细看看是谁发布的信息。你可能也会在搜索词里加上“研究”二字来强调搜索重点。你还可以把搜索限制在域名为 .edu、.gov 或者 .org 的网址之中。

搜索时灵活、直接一些。如果搜不出来，别害怕，在搜索里加点儿变化。你可能会找到一整支研究你论题的研究者们组成的“队伍”！

我们要打扁你的同行评议！

保卫学位论文！

卢瑟福州队研究比赛

数据

好了伙计们。现在是最后时刻了。你们去做自己该做的事吧，研究！使出你全部的力气！

当然，你需要评估每一个资源，以判断这些信息是否可靠。我们稍后再讲这个部分，在这儿仅仅快速举个例子：

与研究有关的内容

我用谷歌简单搜索了“小行星研究”，发现小行星偏转研究中心（对，真的有这样一个机构）正在做的研究致力于寻找把可能对地球产生威胁的小行星撞出轨道的方法。同时，我还找到一个网站，发布了一封充满感性的呼吁信，向读者们宣称，无论为研究设备募集多少资金，对将来可能发生的大型小行星撞击地球事件也毫无助益。

这看起来是相当不准确的搜索，但也是你在就某一论题搜索时经常会遇到的情况。为了找到真正与论题有关的内容，你需要评估这些网站。

不精确

访问维基百科

咔嗒

获得宇宙意识

以维基百科的词条为起点，获知某一论题的总体概念并寻找可能的研究角度是可以的——毕竟，你得知道可以问什么样的问题，并以此来指导你的研究进程——但仅仅在维基百科上阅读“化学疗法”的相关条目无法让你具备足够的知识去写一篇相关的论文。

但维基百科还是无法像大部分“官方”参考资源一样严密准确。它经常缺少引文，没有论据，编辑标准前后矛盾，正确的信息也总是出现得很晚。如果你碰巧读了一篇漏洞百出的文章，就会比较麻烦。

觉得我在瞎编？不，我说的每个字都千真万确。这就是在维基百科搜索出来的“维基百科”条目里说的原话！*

你猜怎么着？你也可以编辑维基百科词条，所以如果你认为信息不够准确，也可以把自己的知识贡献到维基百科的体系中，为他人建立更好的词条。但是，如果你这么做了，就有责任把参考文献写进引文，提供没有偏见、没有主观评判的理论依据。

* en.wikipedia.org/wiki/wikipedia:Researching_with_Wikipedia.

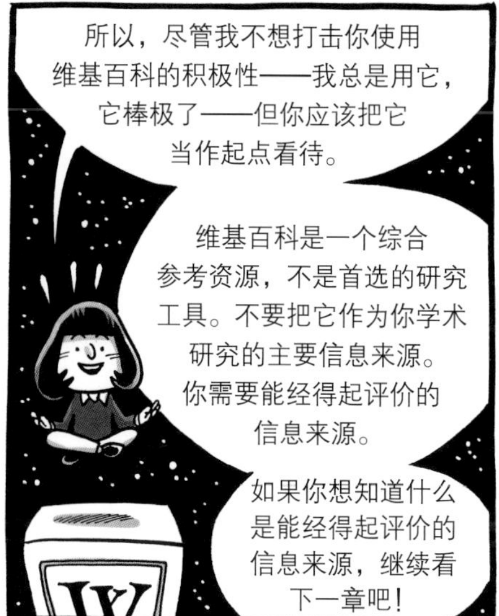

批判性思维练习

记得使用线上工具记录你对问题的回答

1. 用你组织起来的搜索语句做一次谷歌搜索。你搜出多少结果？第一页有多少搜索结果跟你的论题有关？第二页到第十页有多少搜索结果跟你论题有关？记得探究一下这些网站成立的目的是什么，内容的语境是怎样的。

2. 你能用自己知道的搜索方法帮自己缩小（或扩大）谷歌搜索结果的范围，并保证在结果清单的前几页里，有更多关联度高的有用信息吗？

3. 试着找到一个提供与你所研究的论题相关的信息的机构网站。不管是面向大众的网站、政府网站还是教育机构网站，一定要浏览网站上与这家机构有关的信息，包括机构的目标和资源。比如，如果我对航天历史感兴趣，可能会看看国家航空航天博物馆（the National Air and Space Museum）的网站、收藏品、事务信息和在线资源。你能找到哪些网站呢？它们为什么对你的研究有益或有害呢？

4. 研究并描述一下如何编辑维基百科的词条。解释一下维基百科上的信息的核查和被接受的标准是什么，或者不被接受的标准是什么。这些准则、制度和流程怎样影响你对维基百科的看法，以及你以后对使用维基百科的信息的态度？

5. 找一篇或几篇与你的论题有关的维基百科文章。解释一下这些文章为什么对你的研究有帮助，在学术任务中该如何使用这些文章？

6. 你如何使用维基百科里的文章来拓展研究范围，并且随后利用图书馆资源找到更多有关的信息？

第六章

评估信息资源

对此，我们已经暗示了很多次，但还没有真正谈及如何判定信息是否值得用在你的研究当中。信息来源有好有坏，也有介于二者之间的。根据你的不同需求，信息来源的质量也可能不同。

并非所有信息都同样有价值。

所以我们来说说怎样有效地检验信息、评估信息质量。

这个过程是相对的：根据你的论题与采取方法的不同，哪怕同一个信息资源也可能是优质的或劣质的，比较有用的或比较没用的。

比如，如果我想研究地方、州和联邦权力机构对自然灾害的应对情况，普通人在推特上的反应就无法提供我需要的信息。我可以看看那些政府部门的网站，甚至看看它们的推特动态，从而寻找一些有质量的信息，但我必须特别有针对性。

但是如果我想调查的是灾害期间，信息（或谣言）是如何在推特上传播的，我就一定要把公众推特的状态更新纳入我的研究范围。

在第一种情况下，公众推特状态中的信息与研究无关，也不准确；但第二种情况由于换了一个角度，忽然让公众推特的信息变得跟研究有关、有价值了。所以如你所见，你的立场和研究角度对你需要怎样的信息有巨大影响。

无论你使用的信息来自学术期刊、流行杂志、书、网站，还是一个人在墙角喊出来的话，请核查这些信息来源。每一点信息都需要进行评估，因为有很多复杂的因素决定了信息来源是否可用。

高质量信息能帮你决定买哪种车，看哪位医生。成为一个精明的信息使用者也能让你在工作上变得更有能力、更高效。你可能需要研究某场比赛，或者尝试解决一个法律问题。决定你整个人生成功与否的重要因素之一就是能否区分劣质信息与优质信息。

做一个积极又有效率的公民也需要你掌握搜集信息的技能。世界上有许多会让你误入歧途的谣传。具备评估信息质量的能力可以帮你以更有教养、更理性的方式做出决定（比如投票）。

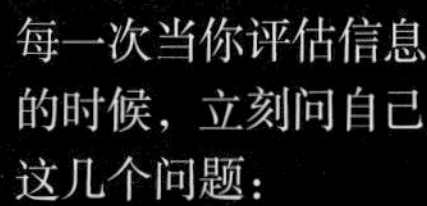

每一次当你评估信息的时候，立刻问自己这几个问题：

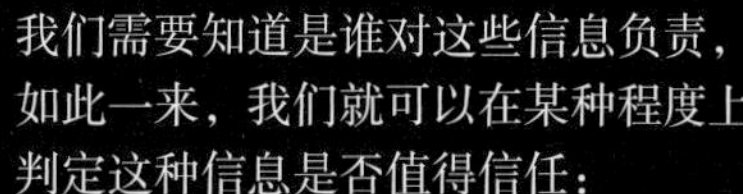

我们需要知道是谁对这些信息负责，如此一来，我们就可以在某种程度上判定这种信息是否值得信任：

信息来自哪里？

谁制造、倡议、发布了这些信息？

信息的来源是什么？

作者是谁？

哪个机构负责出版（纸质版或线上）这些信息？

作者和出版方在论题相关领域有足够的权威吗？

其中某一个问题不能完全决定信息是否有用，但所有问题加在一起将有助于整个评估过程。

作者是否有足够的教育背景，是否有文凭或专业资格，以确保他们可以创造出准确可靠的信息？他们的经历与该学科相关吗？他们为什么有资格写作这个论题？

嗯，科学很有趣，但我要写一篇跟海盗有关的论文！

如果信息来源里有作者自己的信息，试试看能否核实这些信息，只是确认一下（你可能要从大学或机构的网站开始）。试着找到这个作者的其他作品。

他们有没有为这个论题之下已发布的文章建立档案？

是什么让一份出版物或网站的信息相对可靠？

它作为可靠的信息资源有一段时间了吗？

它是不是经过同行评议审核的作品，并且（或者）是学术资源，还是更像通俗读物？

如同资源的主办者或出版者，资源的名称也能提供一些线索。

当你评估一个网站的信息的时候，一定要确保这个机构可以对内容负责。如果这份内容不是官方发布的学术资料或出自政府网页，看看能否在网页上找到一个叫作“关于我们”的链接，一般会在网页最上面或最下面。这个链接应该能提供更多跟这个机构有关的信息。有时候你会发现许多机构具有明显的倾向性，动机是达成某项目的，而不是研究本身。这样的机构可能不会给出你需要的那种客观而具有学术价值的信息。

你也可以用谷歌搜索一个机构，看看是否有其他人判定这个机构制造或分享过有偏见或不准确的信息。

我们的目标是建立一种观念——作者和（或）发布者需要有必要的专业背景来创造高质量信息。你不能随便找一个人来为你修理汽车或者提供医疗服务……你总会希望寻找一个你存在需求的领域的专家。

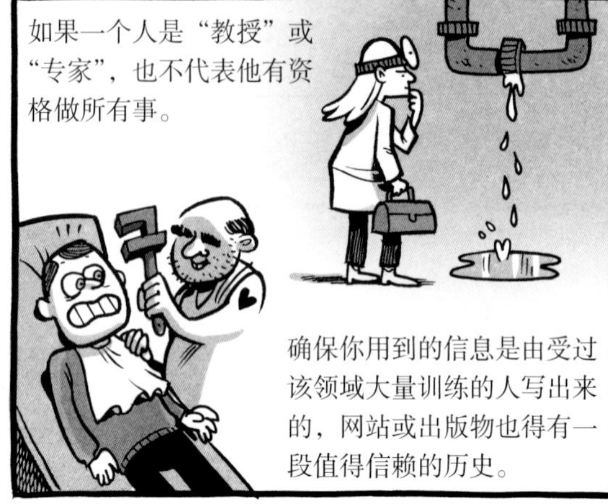

现在，没有什么是绝对的。学术权威的概念是构建出来的，并且要看具体的语境*。意思是，对于应该相信谁、应该相信什么，我们已经建立了自己的认知系统，但这一系统是建立在我们的个人经验、偏见以及我们与现存的其他系统的交互之上的。不同的个体偏爱不同类型的信息，这有时会妨碍我们获取有价值的知识，让我们无法获取对优质信息的建构方式的理解。

可能说得有点深了，但最终的落脚点是无论你评估怎样的信息资源，都应当保持一种健康的怀疑心态。你应该主动接受和使用种类更广的、由不同类别的作者创造的内容，并且一直问自己为什么这一条信息比另一条信息更有用，为什么某个作者更值得信赖。

* 可见 *Threshold Concepts and Information Literacy*，L. Townsend, K. Brunetti, A.R. Hofer 著，*Portal Libraries & the Academy*，总第 11 期，2011 年第三期 :853–869；也可见美国大学及研究图书馆联合会（Association of College and Research Libraries，简称 ACRL）关于更高教育程度信息辨识的草案框架，acrl.ala.org/ilstandards/wp-content/uploads/2014/04/Framework-for-IL-for-HE-Draft-1-Part-2.pdf.

明确该资源的目标群体，有助于判定这项资源是否适用于你的研究。显然，《天体物理学期刊》就有特定的读者，所以多关注书或网站的名称吧。

学术型资源的目标群体是某些掌握了与特定论题相关的知识的人，大众型资源的目标读者则可能没有相关知识储备。对学术研究来说，你很可能更想使用学术型资源，但即使是学术型信息源也有不同的目标群体。

有时，信息有意说服读者或使读者相信一些事情。这种做法不一定值得信任，小心那些在某一话题上立场鲜明的作者。在使用一种有说服意图的资源之前，请确保你已经了解过其他对立的观点，并且一些矛盾已经被解决了。

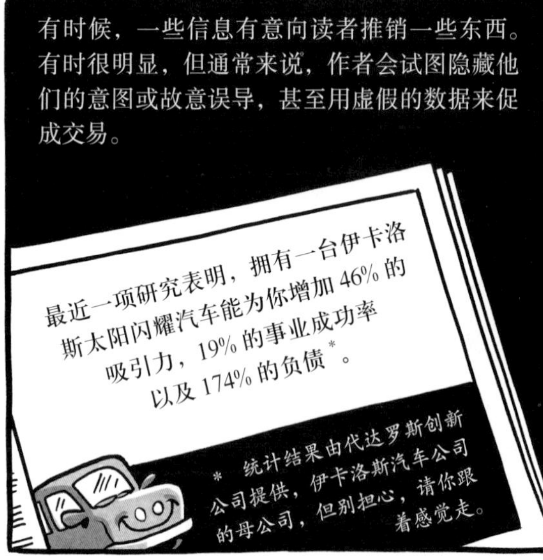

一些以娱乐或讽刺为目的制造的信息充满错误的叙述和虚构出来的“论据”，它们有时会伪装成真正的新闻或学术信息。不要把讽刺类的信息当真！

虚构 NRN 新闻

国会开始今年第三次冬眠：马库斯议员以“让我自己在下一个会期前心情愉快”为由增重20公斤。

** 然而，对各种信息资源的抱怨随处可见，所以记住，客观性有时只是人们尽了最大努力的结果。

接下来，需要判定信息是否准确可靠。

它是高质量的信息吗？是否客观？

有一点很重要，如果论据不够准确或完整，就不值得用在你的研究里。或者这些信息需要被标注出来，以免给人造成困扰。

~~据论~~ ~~仑居~~ 论据

如果你不是某个论题方面的专家，评估相关领域的信息资源的可靠性会很难，但还是有很多方法可以看出信息资源是否基本可靠。

如果一篇论文或一份电子出版物通过了同行评议流程，那么，由于许多专家已经评估过它，它的准确性就比较可信。同样，如果某一信息资源已经被学术出版机构出版，可靠程度也会大大提升。当然，评议者有时也会像其他人一样受限于偏见、个人情结和其他一些错误。

如果你有疑问，把获取的信息与其他资源比照一下，看看是否一致。

在评估一个信息资源时，引文和参考文献扮演着十分重要的角色。作者有没有提供一份他们在研究过程中参考过的文献的清单？他们有没有解释是哪种信息资源提供了哪段引文或论据？你应该能够按照他们提供的信息资源清单顺藤摸瓜，从而证实作者正确地使用了这些信息。回溯他们的研究"足迹"，看看他们是怎么得到结论的。

你可能也注意到了，你的信息资源可能曾被其他信息资源引用。如果它经常在其他人的参考文献里出现，说明这是个可靠的信息资源。

无论信息资源是否均衡公正，你都要关注信息的客观性（objectivity）。

内容是否有偏见？是否片面或过于注重某一观点？如果是这样，你一定要谨慎。这些信息资源很可能会省略或置换论据以支持某个观点。

避开那些在给出观点之前，没有对论题的正反两面分别进行阐述和准确评估的信息资源，小心那些语言十分感性的信息资源。如果你对某个信息资源感到不确定，调查一下这项研究的赞助者，这可能提示了某种偏见。

"吸入二手烟能提高 50 岁不爱运动的男性的马拉松奔跑能力。"

由卡西诺烟草公司资助

信息资源与你的研究有多大相关度？显然，一本关于亚伯拉罕·林肯的书跟研究棒球物理学的研究项目相关度微乎其微。

有时情况比林肯和棒球的关系更复杂、更微妙。这个问题更确切的说法是：信息资源满足你研究需求的方式有多直接。

另一种判断相关性的方法是检验一个信息资源跟你的论题有多少重叠的部分。林肯和棒球的重叠度为零，但假如研究的是老年人的锻炼频率，这些或许就用得上了，可以研究一下哪些因素能让人活得更久。

你也应该检查一下信息的时效性（currency）：它是多久之前被创造或更新的？很多时候，你会希望信息越新越好，因为这样的信息里可能包含最新的研究成果。这一点在科技、医药和其他更新迅速的研究领域里尤为重要，但在一些特定的历史论题研究领域不太重要。

一定要检查你的信息资源有没有过时，把它跟同样论题下的其他资源做比较，看看它是否有效。看看最新的信息是不是颠覆了旧的内容。

批判性思维练习

记得使用线上工具记录你对问题的回答

1. 为你的论题找出至少一本书、一篇学术文章和一个网络信息资源。通过调查作者 / 创作者、目的、准确性、时效性、客观性和相关度来评估每个资源。评估信息资源的过程怎样帮助你判定是否要把这项信息用于研究？

2. 你有哪种“信息偏见”？你是否更倾向于接受、消费和信奉经由某种媒介创造或发布的信息？你的做法会根据你对信息的不同需求而改变吗？为什么会这样？有没有某个作者、网站、节目或其他什么媒体的信息是你不想看或看了不舒服的？找出一些你有意回避的信息类型，试着反思你为什么对这类信息有这种看法。花点时间评估这些信息资源，想想是否某些信息跟某些人有相关性。你觉得你的喜好很合理吗，还是发掘了新的有潜力的信息资源呢？

3. 你觉得在脸书、推特和其他社交媒体上找到的信息该如何应用到自己的研究里？记住，虽然你用社交网络找到了某个信息，但还是有可能通过链接进入到其他网站，从而实际接触到那项内容。对于用社交媒体来发布内容的作者，你如何判断他的权威性？

4. 为你的论题找到一个不能用在研究里的信息资源。解释为什么你要放弃它，使用上面提到的标准做出判断。

5. 根据你的论题，找一份与之相关的学术期刊论文，同时也在大众杂志、报纸或网站上找一篇文章，拿这两篇文章进行比较。它们在语言、长度、内容、编辑情况和权威性上，有什么不同？这些不同如何影响了这些文章的使用潜力？

6. 你的研究论题依赖最新的信息和研究成果吗？为什么依赖？为什么不依赖？

7. 浏览一些刊载讽刺性新闻的网站，如洋葱新闻网（the Onion）、每日醋栗网（the Daily Currant）、粗呢博客（the Duffel Blog）。这些网站的意图是什么？你会将这些网站提供的信息用于研究项目吗？为什么用？为什么不用？哪些线索能帮助你判定信息精确与否？

第七章

信息使用道德

那么，如何在不抄袭的情况下，引用他人的成果？为了保证你的作品属于自己，而且你不被指控偷窃，你要经历哪些曲折的过程呢？

其实很简单：把署名放在该放的地方就可以了。

这就叫引文。

记住，研究是一种群体行为，是一个全体研究者不断分享和添加新内容的过程。作为研究者，你对这个过程的贡献就是在他人的成果基础上有所建树。使用其他人的成果并没有错。重点就是这个！研究成果随着时间不断增加，这是因为人们不断地总结新结论、获得新发现，每一种都是建立在前人的研究成果之上的。

我落向地面时，
风在我耳边呼啸，
降落伞打不开……
喔！
哇！
老天！
想象我们在一个聚会上，
我们听到史蒂文讲了一个
有趣的故事，讲得很好，
大家都很喜欢。

!
因为故事太酷了，
我想要分享这个经历，所以
我模仿最早的故事讲述者，
也讲了一遍。
咳咳。
“我落向地面时，
风在我耳边呼啸，
降落伞打不开……”
喔！
酷！
哇！
故事打动了每个人，
但最早讲故事的那个人却无法被打动。
史蒂文很沮丧，因为我逐字逐句讲了他的
故事，却没说明他是最先讲故事的人。

当一位作者能比你更好地使用语言表达
一个观点时，你可以逐字逐句引用他的话，
这没问题。但是要记得用引号把作者的
话括起来，并且告诉读者这些话
引自谁、引自哪里。
朋友们，这儿有个
好故事。上周史蒂文讲了
这个故事。“我落向地面时，
风在我耳边呼啸，降落伞
打不开……”

正确的做法叫作转述（paraphrasing）。

原版

飞机几乎立刻消失在我的视野里。我落向地面时，风在我耳边呼啸，打不开的降落伞就像古早卡通片里的好几包银餐具和铁砧一样，折磨着我这个跳伞者。我为自己的坠落想到一个同样卡通化的结局，我的身体砸在地面形成一个完美的我的形状，不一会儿就能看到我奔跑出来。在我的一生闪过眼前时，我因为这些荒谬的画面而大笑起来……

转述版

他的降落伞打不开，他从飞机上跳了下来。地面以不可思议的速度接近。史蒂文幻想自己是个无助的卡通角色，他不断坠落，背上背着一块铁砧，最后在地上砸出一个完美无瑕的史蒂文形状的洞。他的一生疾速从他眼前闪过，而他因为这幻想出的场景大笑不止。

有时候，参照他们的创意后，你自己的话会比原作者的表述更让人印象深刻。作者的作品有时很复杂，对你的文章来说密度过高，所以你用更简单的语言来转述作者观点，这对你的读者来说也更容易理解。但你还是需要说明，原版是从哪里来的，以及原版不是你的作品！

这就是转述。在这个例子里，转述简化了语言，保留了原版的结构。请注意转述同样需要注明信息来源，而你往后在学术研究里会需要做更多更正式的署名。

现在，如果你压缩并精简了一个想法，那就叫作概述（summarizing）。用你自己的语言，以几句话解释其他人的研究成果，而不直接引用或转述他们的话，就叫作概述。
你可以从信息资源中提取出很多点子，压缩成你的读者能迅速阅读并理解的东西。

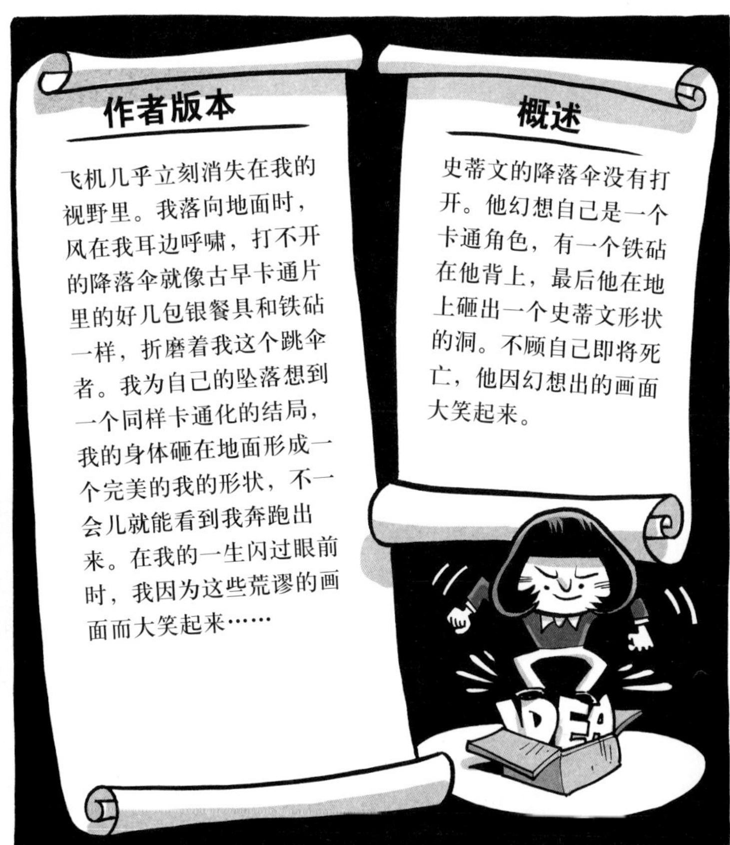
作者版本
飞机几乎立刻消失在我的视野里。我落向地面时，风在我耳边呼啸，打不开的降落伞就像古早卡通片里的好几包银餐具和铁砧一样，折磨着我这个跳伞者。我为自己的坠落想到一个同样卡通化的结局，我的身体砸在地面形成一个完美的我的形状，不一会儿就能看到我奔跑出来。在我的一生闪过眼前时，我因为这些荒谬的画面而大笑起来……
概述
史蒂文的降落伞没有打开。他幻想自己是一个卡通角色，有一个铁砧在他背上，最后他在地上砸出一个史蒂文形状的洞。不顾自己即将死亡，他因幻想出的画面大笑起来。

不过，也不是所有内容都需要引文。如果你的论文里有一些论据是常识，不是建立在其他人的话语或原创研究的基础之上的，这些论据就不需要引文。
比如，如果你说第二次世界大战导致全球几百万人口死亡，就不需要写引文，因为它是常识。
弗洛里
但是，如果你想把一个具体的人口死亡数字写进论文，就需要解释你从哪里得到了这个数字，因为不同的信息资源对死亡人口有不同的估计。
在售
给我最好的伙伴史蒂文。抱歉，伙计！

作为一个研究者，你会（或说“应该”）通过把你遇到的各种知识综合成一个新的产物，来创造新知识。
当然，你用的是已存在的研究和信息，但你能带来自己独特的理解和体验，让新产品成为你的东西。而你的读者依然能辨别出你使用的许多信息的来源（或说原料）……
但最后的产物必须是你自己的创造，你自己对零碎信息的理解与整合。你不只是简单罗列或总结其他人的研究成果，而是在创立对研究的新观点，在为现有的知识体系做贡献！

* www.zotero.org

记住，研究是一个不断自我构建的过程。引文就是一个展示新研究是如何建立于旧研究之上的范例。你看一本书或一篇论文，可以分辨作者到底使用了什么信息资源来得出他们自己的结论。想象研究是一场进行中的、永不结束的、一直在改变的讨论*。会有很多声音和观点为这场讨论做贡献，包括你的！所以你一定要以负责任、有道德的方式参与，对自己的研究诚实，为他人的作品写引文。

* 可见供更高等教育信息辨识需要所建立的美国大学及研究图书馆联合会草案框架：acrl.ala.org/ilstandards/wp-content/uploads/2014/02/Framework-for-IL-for-HE-Draft-1-Part-1.pdf。

假设你用图书馆的编目系统或数据库找到一本特别好的书或者一篇论文，却没找到其他有价值的东西。那就把它翻到最后吧！

在参考文献处你会看到作者使用的信息资源清单，它可能被称为书目摘要，引述作品，或者参考文献。这可是金矿啊！那里可能列了几百本极有用的书！你只要找到它们就行了。

它们可能在你的图书馆里或数据库里，或者你需要通过馆际借阅来申请从其他图书馆借阅这本书。关键是，有人已经针对你的论题做了大量研究。请你以他们的成果为基础开展自己的研究，找出他们在自己的研究里用了哪些信息资源。

谁知道呢？也许你能找到一些他们漏掉的东西！

学术论文可以用很多种“方式”写作。
市面上有许多与之相关的手册，每一种都为学术论文提供了不同的指导方针。

最常见的几种指南，有给学术论文的作者们看的 MLA（Modern Language Association，现代语言协会）写作指南、APA（American Psychological Association，美国心理协会）出版手册和芝加哥写作手册（或它的变体 Turanian 写作手册）。不同的写作方式一般与不同的学术学科紧密相关。一般人文科学尤其是英文更多采用 MLA 写作指南。社会科学则更常用 APA 出版手册。历史专业的学生更常用芝加哥写作手册*。

这些指南为你提供了多到不可思议的细节指导，让你可以用特定的方式写作论文，从而保证它的规范性。但大家关注得最多的地方往往是如何恰当地引用信息资源和撰写引文。每种引文的写作方式看起来都有点不同，但目标都一样：解释你是从哪里获取的信息。

* 但这些情况也不绝对。可能你的导师更偏爱这个领域不常用的某种写作方式。而且，除了这三种写作方式之外，还有其他写作方式，但这三种是大学生最常用的。

先不谈写作方式，在引用信息资源时，一般要关注两种主要的组成部分。一种是一条小注释，跟在引文、转述或总结后面，标识出信息是从哪个地方来的；另一种是你放在论文最后的一张清单，详述你在研究过程中使用过的信息的来源。

引文的第一个组成部分是那条小注释，解释你的信息是从哪来的。

每次你使用外部信息的时候，你就得为读者标识出你是在哪里获得了哪些信息。这是为了引起读者注意，保证他们知道信息是从另一个地方来的。

根据你写作方式的不同，这个部分的写法也有很多变化。

APA 写法的文内注

芝加哥写法的脚注 / 尾注

菲尔伯特·曼宁厄姆（Philbert Manningham）博士 2013 年的研究指出：“根据最近的趋势，在接下来的十年里，毫不奇怪地说，人类会变懒，我们会想办法把自己永久地安置在便携式休息设备里。”（216 页）

菲尔伯特·曼宁厄姆博士的研究指出：“根据最近的趋势，接下来的十年里，毫不奇怪地说，人类会变懒，我们会想办法把自己永久地安置在便携式休息设备里。”*

APA 写法和 MLA 写法把这些短介绍叫作“文内引文”，而芝加哥写法称之为“脚注”或“尾注”。这些名字说明了引文会出现在论文的哪个部分。

文内引文会与你论文中引用的那几句话放在一起。

脚注用上标数字标识出引文信息写在底部，或称之为页“脚”处。尾注和脚注很类似，但经过编号的引文会放在论文的结尾，而不是每页的底部。

* Philbert Manningham，《沙发土豆：人类 / 家具互相依赖的未来》（纽约：肌肉萎缩研究协会，2013 版），216 页。

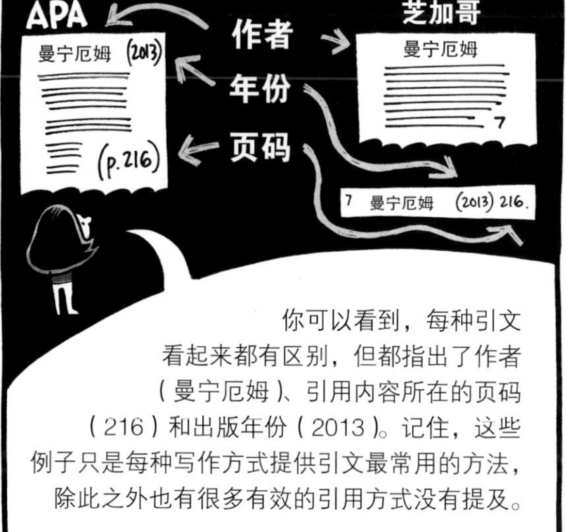

你可以看到，每种引文看起来都有区别，但都指出了作者（曼宁厄姆）、引用内容所在的页码（216）和出版年份（2013）。记住，这些例子只是每种写作方式提供引文最常用的方法，除此之外也有很多有效的引用方式没有提及。

根据你句子的结构，以及你的句子里是否出现了重要的引述，这些方法可能会有一些细微的改变。

我们的未来也许不如我们想象的那样光明。“根据最近的趋势，接下来的十年里，毫不奇怪地说，人类会变懒，我们会想办法把自己永久地安置在便携式休息设备里。”（曼宁厄姆，2013，216 页）

看，这种写法看起来不同，但传达的意思是一样的。

文内引文和脚注 / 尾注不只是告诉你的读者信息来自另一个地方；也会引导读者去看你写在论文末尾的完整清单。

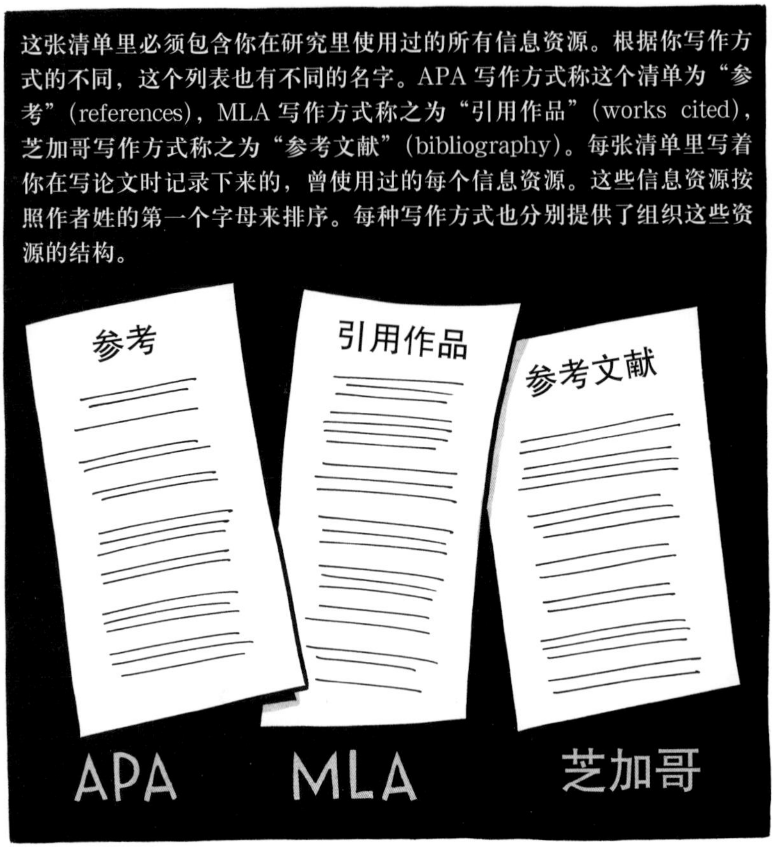

这张清单里必须包含你在研究里使用过的所有信息资源。根据你写作方式的不同，这个列表也有不同的名字。APA 写作方式称这个清单为“参考”（references），MLA 写作方式称之为“引用作品”（works cited），芝加哥写作方式称之为“参考文献”（bibliography）。每张清单里写着你在写论文时记录下来的，曾使用过的每个信息资源。这些信息资源按照作者姓的第一个字母来排序。每种写作方式也分别提供了组织这些资源的结构。

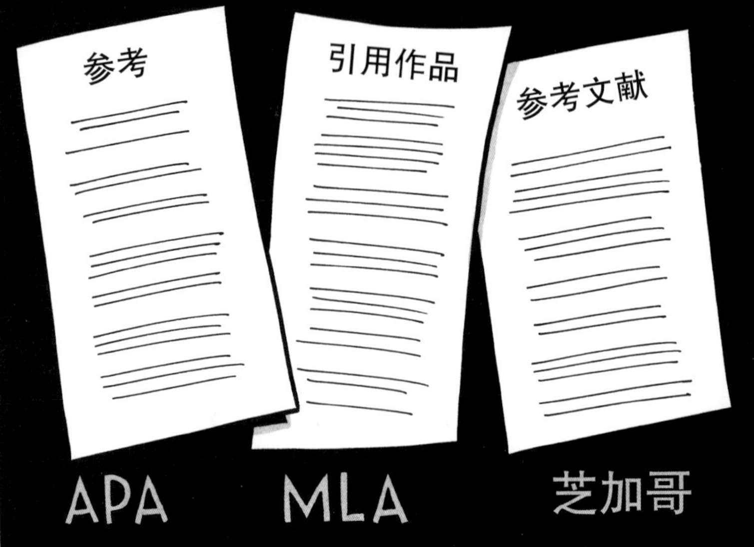

每种写作方式的引用数据顺序都不太相同，会用不同的标志（比如引号、斜体或另一种拼法）把引文的各个部分区分开。每种信息资源（书、文章、网站等）的引用方式也都略有不同，每种类型也都能通过不同的方式找到。比如，读者可以通过一种期刊的某一个卷号和期号找到一些文章，而书则是独立存在的。

哪怕不谈写法或格式，你仍然需要类似于作者、书名、日期等线索帮助读者定位信息资源。

作者姓，作者姓名首字母。
（出版年份）。
论文名称。期刊名称，
卷号（期号），页码。
http://dx.doi.org/xx.xxx/yyyyy

嗯，我写得有点乱，但我们得到了需要的东西。APA 结构的期刊论文引文*。

下面我们把例子换成真正的信息。

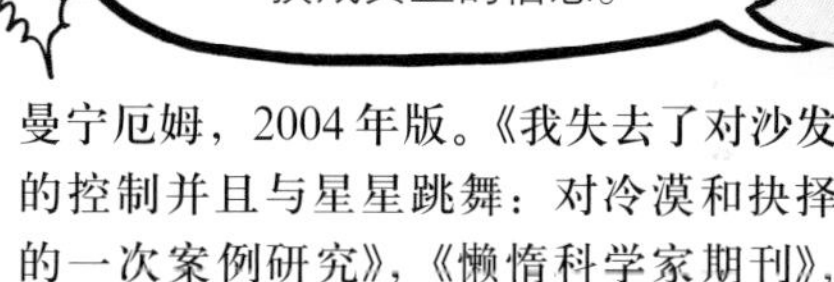
曼宁厄姆，2004 年版。《我失去了对沙发的控制并且与星星跳舞：对冷漠和抉择的一次案例研究》，《懒惰科学家期刊》，37 卷（第 2 期），第 38-50 页。

每种写法都有各自的偏好。APA 写法不想让你把期刊论文名称大写，只能大写首字母、专有名词和副标题的首字母，期刊名和卷号要用斜体。每种引文类型和每种写法都需要你练习和熟悉。

* 可前往 owl.english.purdue.edu/owl/resource/560/07/，获取更多细节和提示。

现在你知道引文
不可怕了……它只是
门好学问！

总之，引文能让你放心。
学习撰写引文的方法并正确引用，
你就能确保自己做的是真正的研究，
而不是在抄袭，这样你就
可以避免麻烦啦！

抄袭
引文

不管你信不信，
真正的引文是
研究者最好的
朋友。

哟！

!

如果你还担心引文的问题，有一些在线平台可以帮助你。编目系统和数据库的档案页面往往有引文。为的就是越方便获取越好！

与此同时，许多高等院校有在线方法指南，为标准引文提供了范例。不要忘记，zotero（www.zotero.org）那样的免费在线工具能帮你生成和组织所有类型的引文。试着用普渡大学在线写作图书馆（the Purdue Online Writing Lab，简称 OWL），帮助理解如何规范撰写 MLA、APA 和芝加哥三种形式的引文。

一旦做过一些练习，你会发现掌握撰写引文的方法会让你对研究变得更自信，这会促进你的写作和研究！这是双赢！对吗，史蒂夫？

* 拥有者有时是个人，有时是雇佣创造者进行创造的公司。

* 17.u.s.c. §107（给不懂法律术语的人解释一下，这说的是“美国法典17号产权法第107部分”）。

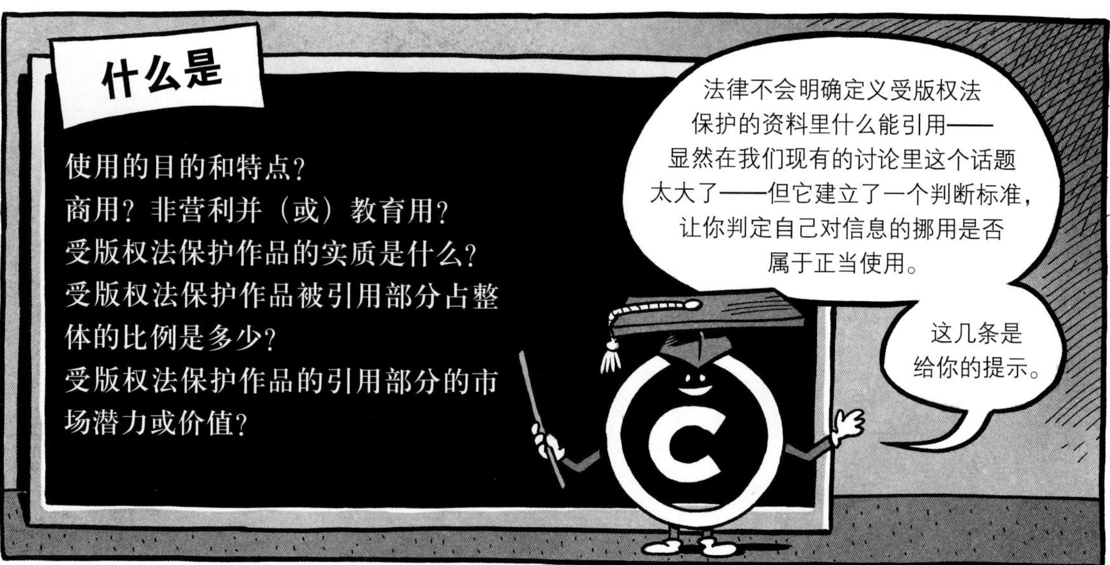

一般情况下，正当使用要求你的作品不使原作的商业潜能受损，并且你只使用了原作的一小部分。

并不是所有对受版权法保护资料的使用都必须是非营利和教育目的，只要最终产物和原作品有实质性的不同就行，但版权法里没有明确条款定义这些东西……这也是为什么对于受版权法保护材料的非学术目的使用的合法性，最好交给专家来判断。

* 更多信息可见 www.creativecommons.org。

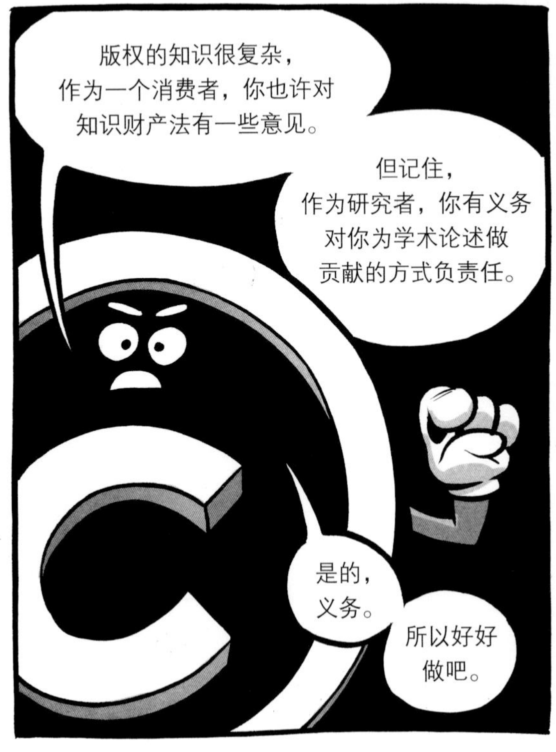

批判性思维练习

记得使用线上工具记录你对问题的回答

1. 你会为抄袭而焦虑吗？讲讲你或你的朋友之前忧心抄袭以及（或）引用文献的经历。抄袭和引用文献的哪些方面最让你担心？有没有不清楚的部分，还是你对自己的技能充满自信？说说看。

2. 练习从你获取的信息资源中转述和总结信息。记住，转述是指你用自己的话表达作者的观点，通常是为了压缩信息或让信息变得更易懂。总结则是指你用自己的话简要叙述作者的想法，概括其主要观点。一定要用适当的文内引用来注明你是在哪里获得了这个想法。需要帮助吗？使用普渡（Purdue OWL）、引文狐网（Citation Fox）、谷歌学术（Google Scholar）或合适的写作指南（APA、MLA、芝加哥等）这些在线资源吧。

3. 使用合适的写作指南或在线教程，为你的全部信息资源或其中一部分写完整的引文（不要用自动引文生成器来完成这个部分）。现在试着用数据库、编目系统或其他在线工具（EasyBib 或 Son of Citation Machine）里的引文生成器，为同一批信息资源生成引文。两种引文完全一样吗？记得标点符号、首字母大小写和斜体格式都很重要，在每种写作方式里也有不同的意义。你觉得哪种方法在撰写引文的时候最有用最高效？为什么？

4. 查看一些知识共享许可协议（见 http://creativecommons.org/licenses/）。你认为为什么对知识创造者来说选择如此多样？每种许可协议对作品的创造者和使用者来说，有哪些优点和缺点？这些选择与传统版权制度相比，有什么不同？如果可能，为你的网站 / 博客选择一种知识共享许可协议吧。

5. 回顾一下你的博客 / 网站，总结一下你对信息辨识的理解。从你发布第一条动态到现在，哪些观念改变了？如果你之前无视信息辨识，对你的学术写作有哪些负面影响？你现在掌握的知识如何提升了你对信息的辨识能力？你计划怎样为学术做贡献，哪怕这贡献很小？如果你有一位朋友也有一份线上记录，看看他的观点和理解，与你自己的比较一下。如果你要把信息辨识的概念教给比尔呢，你会强调哪些内容？为什么？

结　语

现在你都学会啦，
伙计！这套速成课包括
基本的信息辨识和调查研究
方法，从大量信息资源中找到
合适的信息，构造用于
搜索的搜索语句……

还有引文！
不要忘记引文。

说真的，我们可以给这本小书
里提及的每个主题里塞满小贴
士和小技巧。信息辨识是一种
综合技能，也是一种思考和
理解信息的方法。
我想到一点，
信息辨识既是
科学也是艺术。

信息辨识的重要性在于你要一直跟它打交道。
这是一个持续不断的过程。信息会变化和
增多，而你必须保持前进的状态。所以，
永远不要停止练习。记得仔细考虑你对信息的
需求，将学术语境纳入思考，有道德地参与
学术研究，主动探索舒适区之外的信息，
并且对信息和信息的发布者抱有适当的怀疑。
这听起来有很多内容，但只需练习
就能掌握全部。
真的。
解释这些东西
比实际操作
难多了！一旦
你找对路子，
就懂了。

“找对
路子”？
对，我就是
这么说的。
祝你们所有人
好运！刻苦研究、
正确引用，并且
记住，只要你读了
这本书……

信息
……我们就在
力挺你！
除了我，
我还在生你们
所有人的气。
BY
I.L.L.
终

致　谢

这本书是一个尝试，让人沮丧也让人觉得美妙。我们的努力一度有可能在半途止步不前，但感谢我们的编辑戴维・莫罗的支持，让我们能写完这本书。他职业水平高，极具鼓励精神，主动接手了这个不寻常的项目，并持续帮助我们改进作品。谢谢，戴维。

我们也想感谢许多图书管理员，他们直接或间接地与我们分享了一些想法、忧虑和兴奋，使得这本书的质量得到了很大提升，谢谢你们的想法，哪怕有时候我们并不想听。

马特想感谢：

艾琳，感谢她的爱与支持，一直忍受我荒谬的念头。

科林，感谢他对这个项目毫无妨碍，专注于玩具火车和游戏时间。

尚未命名、即将出生的宝宝，因为我不想让你哥哥吹嘘我在一本漫画书里感谢了他却没感谢你。

我爸妈，感谢你们养大一个躲在图书馆角落里读外星人绑架故事并在四年级做了一个肯尼迪刺杀案墙报的小孩，多怪啊。

感谢恩波利亚州立大学的每一位老同事，他们鼓励我实现这些想法，尤其是约翰・谢里登和戴尔・物部。

迈克尔，你是出色的协作者和朋友。谢谢你把我带回漫画世界。

凯文，感谢你的参与，你让图书馆里的研究技能变得有可读性。

你们允许我感谢蝙蝠侠吗？虽然听起来毫无理由，但他确实帮了我很多。

迈克尔想感谢：

我的妻子莉莉，感谢她一直这么棒，并且理解我那一大堆书、玩具和漫画书。

杰克・科比，感谢他数十年来的鼓舞。

马特，感谢他说服我进入图书馆工作，不嫌弃我善变的脾气，成为我的朋友，还把我妻子介绍给我。

凯文想感谢：

马特和戴维，感谢他们介绍我参与这个有趣的项目。

芝加哥大学出版社的编辑和设计、生产环节的工作人员，你们让创作这本书变成一份欢乐的工作。

我们也受惠于以下组织和个人的工作成果，他们以很多方式让这本书的内容变得更合理。在鼓励我们把这本书变得以更“整体”的方式教授和评估信息辨识的知识方面，以及让这本书变得比原来更有趣的方面，他们帮了很大忙。

感谢美国大学及研究图书馆联合会高等教育信息辨识能力标准工作组（The ACRL Information Literacy Competency Standards for Higher Education Task Force）高等教育信息辨识的信息框架（Framework for Information）（http://acrl.ala.org/ilstandards/）。

科里·布鲁内蒂，埃米·R.霍弗和洛里·汤森，感谢他们关于阈值和信息辨识的概念方面的工作。他们的作品可见 http://www.ilthresholdconcepts.com/。

加利福尼亚州立大学奇科分校的图书管理员们，感谢他们发明了 CRAAP 测试，这是一组很棒的评估信息的标准。你可以在 http://www.csuchico.edu/lins/handouts/eval_websites.pdf. 尝试 CRAAP 测试。

重要词汇

Advanced searching　高级搜索

许多编目系统、数据库和搜索引擎提供高级搜索服务，可以提高你的搜索效率和准确性。这些选项根据搜索系统不同而变化，你可以选择用关键词、主题、作者、书名、文件类型等不同方式搜索，或许也可以通过高级搜索中的下拉菜单加入布尔运算符（and，or，not）。

Author search　作者搜索

这是一种用作者名字来搜索信息的高级搜索类型。如有必要，一般最好用作者的姓加逗号，再加作者的名来搜索。不过现在许多图书馆资源越来越不强调输入逗号了。举例：史密斯，厄尔。

Bibliography　参考文献

也有人称之为引述文献或书目摘要（虽然从技术上说它们不同，但从本质上来说它们是一样的），取决于你采用的不同写作方式（一般有 APA 格式，MLA 格式和芝加哥格式）。基本上，参考文献是作者在调查研究和写作一篇小文章、论文或书的过程中使用过的信息资源清单。这张单子让其他人能够寻找、检查和证实研究中使用过的信息。一份好的、现成的参考文献也能帮你开展自己的研究。如果你找到了不错的信息资源，为了方便你自己的研究，去看一下它们的参考文献吧。

Boolean operators　布尔运算符

And，or，not 就是在线图书馆编目系统、数据库和搜索引擎里使用的布尔运算符了。你可以用这些运算符来“连接”你的搜索词，适当扩大或缩小你的结果范围。And 可以用来缩小结果范围。比如，搜索“肥胖症 and 儿童”能帮你找到同时包含这两个词的资料。Or 用来扩大结果范围，当你用可互换的词搜索时，or 就很有用。比较恰当的例子是搜索“青少年 or 少年”。Not 通过排除特定的词来缩小搜索结果的范围。你可以用“移民法 not 美国”来搜索，能帮你找到美国之外的国家的移民法。你也可以在一次搜索里使用多个运算符，在搜索栏里使用括号或使用高级搜索选项都可以。更复杂的搜索可以是“（计划生育 or 节育）and（美国 or 欧洲）”。

Catalog　编目系统

图书馆编目系统是一个可以用来定位馆内的实体资料（比如书、期刊和 DVD）和同样作为馆内资源一部分的可以获取的电子资源（比如电子书）的工具。许多编目系统能让你找到期刊和其他杂志，但无法让你搜索它们内部的文章。这时候进一步使用探索服务就可以了。

Citation　引文

用以解释你在研究中使用的信息是从哪里找来的。包括文内引用、脚注和尾注，以及标注各项细节的完整的参考文献，细节可以包括作者、书名、日期和其他标明来源的信息。

Citation styles　引文方式

根据不同的学术标准和目的，很多机构制定了独有的引文写作方式。常见的有 APA（American Psychological Association，美国心理学会）、MLA（Modern Language Association，现代语言协会）和芝加哥写法。这些写法在很多方面不同，但关注的重点都是对于信息资源的引用。虽然引文里包含的信息非常相似，但是信息的顺序、首字母是否大小写、是采用文内引文还是脚注 / 尾注等都随写作方式变化。想要获取更多信息，可以查阅适当的写作手册或者使用可靠的在线资源，比如普渡大学在线写作实验室（the Purdue's Online Writing Lab，简称 OWL）。

Classification　分类法

指的是图书馆里用于组织和定位信息的各类系统。美国常见的分类系统有杜威十进制分类法和美国国会图书馆分类法。分类法能让类似的资料被归置到一起，查找时会变得更方便。这两种分类系统把信息分成几大主题，每个大主题下面有更细的分类。基于在分类系统中的不同位置，每本书都会有一个图书编目号码。这些编目号码用于以某种特定的顺序放置图书，这样就能找到它们的位置了，通常使用图书馆编目系统来查找编目号码。

Controlled vocabulary　受控词汇

一种以标准、简单的词语替换近似词语的方式，常用于图书馆编目系统和数据库中。比如，“汽车”可以替换轿车、卡车、厢式货车等。受控词汇通过将意思相近的信息统一为某个特定词汇，让搜索的过程变得更有条理。主题标目就是一种受控词汇。

Database　数据库

简单地说，数据库是被有序组织起来的可搜索的信息的集合。图书馆编目系统也是一种数据库，让你可以在图书馆里搜索资料。一般来说，你听到的“数据库”这个词多指可以用来定位和寻找学术期刊、新闻报纸、杂志等电子档案的图书馆资源。数据库和编目系统不同，它能让你搜索一份期刊里的一篇具体的文章。

Dewey Decimal classification　杜威十进制分类法　见 classification　分类法

Discovery service（catalog/tool）　探索服务（编目系统 / 工具）

探索服务是图书馆（理论上）用来为学生提供更流畅搜索体验的新型工具。这些工具能让你跨越多个资源（比如编目系统和数据库）通过一次搜索找到大量资料，而不是做很多次搜索。这可以节约你的时间，但由于它涉及多个搜索系统，你也很可能漏掉一些信息。

Faceted searching　分面搜索

这种方法能改进你的搜索结果，把结果限制在一定的范围里，像你网购时会做的事情。比如，你可能想买一顶帐篷，就在网店里进行搜索，接着你可以用品牌或帐篷尺寸等条件来限制搜索结果的范围。图书馆编目系统或数据库也能提供类似的工具，你可以用主题、形式、位置、出版日期以及其他一些条件把搜索结果限制在一定的范围里。这个方法可以让你通过输入搜索词汇来缩小搜索结果的范围。

Google　谷歌

谷歌一下吧。

Information overlaod　信息过载

我们时刻都在与数量庞大的信息打交道。有时信息多到难以应付，你努力搜索但不知道怎样从大量无用的信息中分辨出有效的信息，这就是信息过载，只要你知道怎样更好地利用图书馆和网络资源，或者充分理解怎样评价和使用你找到的信息，就能有效避免信息过载。

Journals（academic/peer-reviewed/scholarly）（学术 / 同行评议）期刊

学术期刊是一种印刷品或在线的、针对某个论题提供最新研究信息的出版物。就像是由教授、研究人员等专业人士撰写的杂志。在出版之前，通常会由专业人士确认信息是否正确（见“同行评议”）。世界上有成千上万种期刊，很可能有很多期刊符合你的研究主题。通常，你寻找这些期刊的最佳渠道是学校图书馆的数据库，许多图书馆也保存期刊的复印件。

Keyword searching　关键词搜索

一般来说，它是图书馆编目系统或数据库里默认的搜索选项。在一本书的全文和档案记录里，到处都包含关键词，所以关键词搜索有时不太好用，除非你把布尔运算符和关键词搜索一起使用。

Library of congress classification　国会图书馆分类法　见 **classification　分类法**

Metadata　元数据

元数据可以理解为编目系统和数据库中，一种对书籍的描述性信息。元数据既可以描述作者、书名、主题和一本书的内容，也可以描述书的外形尺寸、编目号码、格式类型等特性。虽然元数据实际上很复杂，但呈现在你眼前的那部分形式很简单。当你在数据库或者编目系统里浏览一本书的细节时，你看到的是元数据的“净形态”。元数据的存在为信息归档、组织、搜索提供了一个框架，让搜索变得更容易。当你进行搜索时，系统检索的其实是元数据。

Peer review　同行评议

是部分学术期刊论文（和其他出版物）付梓前需要通过的流程，以此来保证研究的正确性、可靠性和时效性。一般情况下，一位作者把论文提交到期刊编辑部，由编辑决定是否出版。如果决定出版，编辑会将文章发给该领域的其他专业人士阅读和评议，让他们帮忙判断论文内容是否准确，能否在这个论题上为现有的研究做出新贡献。评议者可能会建议修改，作者也可以在编辑做出出版与否的决定前对文章进行修订。

Periodicals　期刊

不同于书籍，期刊（比如报纸、杂志和学术期刊）会按照某种时间表（如每天、每周、每月等）持续出版，每一期都会有新的内容。传统的期刊观念随着科技发展而变化。官方网站可以每分钟更新信息，不再囿于实体出版的速度。不过，虽然许多学术期刊和流行杂志可以通过网站实时更新，他们仍然会按照时间表来评议、编辑和发表文章。你可以在学校的数据库或探索服务里找到期刊论文（尤其是学术期刊论文）。

Record　档案

当你使用编目系统或数据库的时候，档案是描述书或资源本身的信息。一般在你点开数据库或编目系统中通往某本书的链接后，你就能看到一份档案。档案包括作者、书名、出版商、主题标目、内容简介、编目号码、期刊名、卷号、期号（如适用）等信息，这些信息也是用来描述资料的元数据的一部分。

Reference　参考　见 **bibliography　参考文献**

Research　研究

指的是推进一个研究课题的过程，建立一个问题或提出一个论题陈述，接着从不同的资源中搜集适合回应这个问题的信息。它涉及如何用正确的方式、正确的工具进行搜索，并找到正确的信息。记住研究也分不同的类型。图书馆研究不需要你穿着白大褂狂笑，尽管这么做能帮你在图书馆里清理出一片学习的空间。

Search engine　搜索引擎

谷歌、雅虎和必应是较为流行的搜索引擎，人们常用它们搜索信息。搜索引擎的工作原理是向网络派出“蜘蛛”或“爬虫”，从它们可以访问的那些网站带回信息。每种搜索引擎都会储存这些网页的拷贝版，每次你搜索的时候，它们就会彻底搜索一遍储存仓库。记住，每个搜索引擎都不一样，你用一样的方式去搜索，搜出来的结果也是不一样的。搜索引擎一般有高级搜索选项，但往往跟图书馆的编目系统和数据库不太一样，因为网站的元数据各不相同。

Search statement　搜索语句

在使用图书馆编目系统、数据库或搜索引擎时，搜索语句就是你在搜索栏里输入的东西。最好使用你所研究的问题中提炼出的恰当词语或关键词，并用布尔运算符把它们联系起来，以保证良好的搜索结果。比如，如果你的论题是宠物对老年人健康的影响，你的搜索语句可能是“宠物 and 老年 and 健康”，或只是“宠物 and 老年”。你需要把搜索语句中“肤浅”的东西剔除，只留下必要的词。

Search term　搜索词　见 search statement　**搜索语句**

Spiders/crawlers　蜘蛛 / 蚯虫　见 search engine　**搜索引擎**

Subject headings/subject terms　主题标目 / 主题词

主题标目是一类用来描述资源是关于什么的受控词汇。关键词在文档里可以随意找到，而主题词是一种比关键词更特殊的词汇。主题词或主题标目是元数据中一个特定的部分，能被单独搜索（更像书名或作者搜索）。在许多编目系统或数据库里，使用主题词搜索（一种高级搜索选项）不会搜出一张资料清单，而是会出现一张与主题相关的主题细分列表，可以用来定位适合那个特定主题标目的资料。比如，我在数据库进行一次“环境政策”的主题搜索。这个清单可能给我列出更多与“环境政策”相关的主题，可以导向大量与该主题相关的资料。我也可以查看这个主题的细分列表，可能发现还有一些与健康和伦理相关的环境政策资源的主题可以选择。在这些特定子分类下的资料数量会少一些，也可能会更适合你的论题。

Subject searching　主题搜索　见 subject headings　**主题标目**

Title search　书名搜索

书名搜索是一种高级搜索选项，即按照书名进行搜索。书名搜索特别依赖于元数据，因为元数据记录里就有书名。

Wikipedia　维基百科

一种在线百科，任何人都可以进行编辑。对于你的研究来说，维基百科是一个很好的开始，能帮你获取关于一个论题的基本概念，也能引导你找到更多学术资源。但记住，维基百科中的条目的信息都来自其他地方，如果你想在自己的研究里使用这些信息，你应该去找最初的来源。一般不推荐你在学术研究论文里直接使用或引用维基百科里的内容，除非，你研究的是维基百科本身，那当然就可以啦！

Wildcard　通配符

一种帮助你找到可能存在多种拼法或变化的搜索词的高级搜索选项。编目系统和数据库一般提供多种通配符选项，通常允许一种特殊的字母代表其他一些字母。截词搜索就是通配符搜索的一个例子。每种编目系统和数据库可能会使用不同的标识符表示截词搜索，但一般都是用星号表示。比如，搜索“theor*”可能会搜出“theory”“theoretical”“theorist”等词。

Works cited　引用作品　见 bibliography　**参考文献**

图书在版编目(CIP)数据

怎样玩转信息:研究方法指南/(美)马特·厄普森,(美)C.迈克尔·豪尔编;(美)凯文·坎农绘;孙宝库译.--成都:四川文艺出版社,2019.6
ISBN 978-7-5411-5359-4

Ⅰ.①怎… Ⅱ.①马… ②C… ③凯… ④孙… Ⅲ.①信息工作—基本知识 Ⅳ.①G25

中国版本图书馆CIP数据核字(2019)第042156号

ZENYANG WANZHUAN XINXI: YANJIU FANGFA ZHINAN

怎样玩转信息:研究方法指南

[美]马特·厄普森 [美]C.迈克尔·豪尔 编 [美]凯文·坎农 绘
孙宝库 译

选题策划 后浪出版公司
出版统筹 吴兴元
责任编辑 程川 周轶
特约编辑 邸仪
责任校对 汪平
排版制作 肖霄
装帧制造 墨白空间·张静涵
营销推广 ONEBOOK

出版发行 四川文艺出版社(成都市槐树街2号)
网 址 www.scwys.com
电 话 028-86259287(发行部) 028-86259303(编辑部)
传 真 028-86259306

邮购地址 成都市槐树街2号四川文艺出版社邮购部 610031
印 刷 北京盛通印刷股份有限公司
成品尺寸 787mm×1092mm 开 本 16开
印 张 7.75 字 数 80千字
版 次 2019年6月第一版 印 次 2019年6月第一次印刷
书 号 ISBN 978-7-5411-5359-4
定 价 39.80元